George Henderson

The Gospel of St. Matthew

Translated into lowland Scotch

George Henderson

The Gospel of St. Matthew
Translated into lowland Scotch

ISBN/EAN: 9783337285302

Printed in Europe, USA, Canada, Australia, Japan

Cover: Foto ©Lupo / pixelio.de

More available books at **www.hansebooks.com**

THE GOSPEL
OF
ST. MATTHEW.

THE GOSPEL

OF

ST. MATTHEW,

TRANSLATED INTO LOWLAND SCOTCH.

BY

GEORGE HENDERSON.

LONDON, 1862.

We certify that only 250 *copies of this work have been printed, of which one is on thick paper.*

STRANGEWAYS & WALDEN,
(late G. BARCLAY,)
28 Castle Street, Leicester Square.

The design of the following translation is to show that the language of the Lowland Scotch is not merely a corrupt form of that spoken in England, but that it possesses claims to be considered a branch of the Anglo-Saxon family. It has also been thought desirable to give a "local habitation" to various words and forms of expression, which, though retained among the peasantry—in all countries the faithful depositaries of ancient languages—are fast fading away before the schoolmaster and the march of modern civilisation, and are too frequently affectedly considered as mere vulgar "barbarisms."

Possibly objections may be raised to the use of certain words, as *kythe* for "appear," *eydently* for "diligently," *hiddlinsly* for "privately," &c. as too archaic for a version of the Lowland Scotch of the present day; but, *e.g.*—taking the first of the above words,—as *kythe* is found in Burns's "Halloween," in Ramsay's "Gentle Shepherd," and in the homely proverb, "*Kythe* in your ain colours, that folk may ken ye," there appears to be sufficient warrant for its retention: and so with the other words.

Various vernacular words, as *lug* for "ear," *crack* for "talk," *cuddy* for "ass," &c. have been discarded, as unsuitable in a translation of a portion of the Holy Scriptures.

The orthography adopted is that of Burns, Sir Walter Scott, and other recent writers, their inconsistencies being avoided in order to ensure uniformity.

The translator desires to acknowledge the assistance, kindly and patiently accorded to him, of several competent persons.

G. H.

NOTES

1. The Scotch *a* at the end of a word, or before a consonant not followed by *e* mute, has two peculiar sounds, which the English scarcely possesses. The first and commonest of them is the pure Italian *a*, as in the Scotch words *cam'*, *man*, *warld*, not partaking in the least of the sound of the *e* in *bed*, which is heard in the English words *fat, cab, man*. The second, which occurs in the words *ha'*, *wa'*, *awa'*, *a'*, *twa*, *wha*, &c., is between the *a* in *father* and the *aw* in *dawn*, and is also to be found in the Austrian dialect, *e.g.* in the word *Vater*.

A before a consonant, followed by *e* mute, is pronounced as in English. The same sound occurs also in a few instances where the letter is not in this position; but in such cases the pronunciation is generally indicated by the letters *a e*, as in *frae, gaed*.

2. *U* followed by a consonant and an *e* mute, *oo* as a general rule, and *ui* always, have a sound peculiar to the Scotch and to the Devonshire dialect, which much resembles the French *u* in *pu*, but in which a fine ear will not fail to discover a small admixture of the French *eu* in *peu*.

The diphthongal sound of the English *u* in *duke* is expressed by *eu*, as in the word *beuk* (*book*).

3. *Ou* is generally pronounced as the English *oo*, the Scotch word *house* being pronounced as if it was written *hoose*.

4. The combination of letters *ch*, except when at the beginning of a word, or after a consonant, e. g., *childer, merchant* (in which positions it

is pronounced as in English), has the same sound as in German—sometimes a strong guttural sound, as in *dochter* (Germ. *Tochter*), and sometimes a softer sound, though still guttural, as in *licht* (Germ. *Licht*).

5. *Gh* has also the guttural German sound.

6. *Ng* is never to be pronounced with an unexpressed *g* added after it, as in the ordinary English pronunciation of such words as *stronger, longer, finger*. In Scotch it has only the simple sound (as in *king*) with the *er* after it, as Englishmen generally pronounce the word *singer*.

It is much to be regretted, in the interests of comparative philology, that the Scotch, as well as the English, the French, the Gaelic, and all their dialects, does not follow in its ordinary spelling a more phonetic principle, such as is found in every other European language.

L. L. B.

THE GOSPEL
ACCORDIN' TO
SAUNT MATTHEW.

Chap. I.

THE beuk o' the forbears o' Jesus Christ, the Son o' David, the son o' Abraham.

2 Abraham gat Isaac; an' Isaac gat Jacob; an' Jacob gat Judas an' his brithren;

3 An' Judas gat Phares an' Zara o' Thamar; an' Phares gat Esrom; an' Esrom gat Aram;

4 An' Aram gat Aminadab; an' Aminadab gat Naasson; an' Naasson gat Salmon;

5 An' Salmon gat Booz o' Rachab; an' Booz gat Obed o' Ruth; an' Obed gat Jesse;

6 An' Jesse gat David the king; an' David the king gat Solomon o' her wha had been the wife o' Urias;

7 An' Solomon gat Roboam; an' Roboam gat Abia; an' Abia gat Asa;

8 An' Asa gat Josaphat; an' Josaphat gat Joram; an' Joram gat Ozias;

9 An' Ozias gat Joatham; an' Joatham gat Achaz; an' Achaz gat Ezekias;

10 An' Ezekias gat Manasses; an' Manasses gat Amon; an' Amon gat Josias;

11 An' Josias gat Jechonias an' his brithren, about the time they were carriet awa til Babylon:

12 An' after they were broucht til Babylon, Jechonias gat Salathiel; an' Salathiel gat Zorobabel;

13 An' Zorobabel gat Abiud; an' Abiud gat Eliakim; an' Eliakim gat Azor;

14 An' Azor gat Sadoc; an' Sadoc gat Achim; an' Achim gat Eliud;

15 An' Eliud gat Eleazar; an' Eleazar gat Matthan; an' Matthan gat Jacob;

16 An' Jacob gat Joseph the husban' o' Mary, o' wham was born Jesus, wha is ca'd Christ.

17 Sae a' the generations frae Abraham til David are fourteen generations, an' frae David till the carryin' awa intil Babylon are fourteen generations; an' frae the carryin' awa intil Babylon until Christ are fourteen generations.

18 Now the birth o' Jesus Christ was after this gate:

CHAP. I.

Whan his mither Mary was bund in wadlock troth til Joseph, afore they cam' thegither, she was fund wi' bairn o' the Haly Ghaist:

19 Syne Joseph her husban', bein' a just man, an' na willin' to mak' her a public example, was mindet to pit her awa hiddlinsly.

20 But while he thoucht on thae things, behald, the angel o' the Lord kythet until him in a dream, sayin', Joseph, thou son o' David, binna afear't to tak' until thee Mary thy wife; for that whilk is conceivet in her is o' the Haly Ghaist.

21 An' she sall bring furth a son, an' thou sallt ca' his name JESUS; for he sall saufe his people frae their sins.

22 Now a' this was dune, that it micht be fulfillet whilk was spoken o' the Lord by the prophet, sayin',

23 Behald, a maiden sall be wi' bairn, an' sall bring furth a son, an' they sall ca' his name Emmanuel, (whilk, bein' interpretet, is, God wi' us.)

24 Syne Joseph, bein' raiset frae sleep, did as the angel o' the Lord had bidden him, an' teuk until him his wife:

25 An' didna ken her till she had broucht furth her first-born son; an' he ca'd his name JESUS.

Chap. II.

NOW whan Jesus was born in Bethlehem o' Judea, in the days o' Herod the king, behald, there cam' wise men frae the east til Jerusalem,

2 Sayin', Whare is he wha is born King o' the Jews? for we hae seen his star in the east, an' are come to worship him.

3 Whan Herod the king had hear't thae things, he was foughten, an' a' Jerusalem wi' him.

4 An' whan he had gather't a' the chief priests an' scribes o' the people thegither, he spier't at them whare Christ sud be born.

5 An' they said until him, In Bethlehem o' Judea; for sae it is written by the prophet,

6 An' thou, Bethlehem, in the lan' o' Juda, artna the laist amang the princes o' Juda: for out o' thee sall come a governor, that sall rule my people Israel.

7 Syne Herod, whan he had hiddlinsly ca'd the wise men, spier't at them eydently what time the star kythet.

8 An' he sendet them til Bethlehem; an' said, Gang an' seek eydently for the young bairn; an' whan ye hae

CHAP. II.

fund him, bring me back word, that I may come an' worship him alsua.

9 Whan they had hear't the king, they set out; an', lo, the star, whilk they saw in the east, gaed afore them till it cam' an' stood owre whare the young bairn was.

10 Whan they saw the star, they rejoicet wi' unco meikle joy.

11 An' whan they had come intil the house, they saw the young bairn wi' Mary his mither, an' fa'd doun, an' worshippet him; an' whan they had openet their treasures, they offer't until him gifts, gowd, frankincense, an' myrrh.

12 An' bein' warnet o' God in a dream that they sudna gang back til Herod, they gaed awa intil their ain kintra by anither road.

13 An' whan they were gane awa, behald, the angel o' the Lord kytheth til Joseph in a dream, sayin', Rise up, an' tak' the young bairn an' his mither, an' flee intil Egypt, an' be thou there till I bring thee word; for Herod will seek the young bairn to tak' his life.

14 Syne he rase up, an' teuk the young bairn an' his mither by nicht, an' gaed awa intil Egypt.

15 An' was there till the death o' Herod, that it

micht be fulfillet whilk was spoken o' the Lord by the prophet, sayin', Out o' Egypt hae I ca'd my son.

16 Syne Herod, whan he saw that he was mocket by the wise men, was sair anger't, an' sendet furth, an' killet a' the bairns wha were in Bethlehem, an' in a' the marches thereabout, frae twa years auld an' under, accordin' til the time whilk he had eydently spier't o' the wise men.

17 Syne was fulfillet that whilk was spoken by Jeremy the prophet, sayin',

18 In Rama was there a voice hear't o' waefu' dool, an' greetin', an' meikle murnin', Rachel greetin' for her bairns, an' wadna be comfortet, because they arena.

19 But whan Herod was dead, behald, an angel o' the Lord kytheth in a dream til Joseph in Egypt,

20 Sayin', Rise up, an' tak' the young bairn an' his mither, an' gang intil the lan' o' Israel: for they are dead wha soucht the young bairn's life.

21 An' he rase up, an' teuk the young bairn an' his mither, an' cam' intil the lan' o' Israel.

22 But whan he hear't that Archelaus rang in Judea in the room o' his father Herod, he was afear't to gang thither, but, bein' warnet o' God in a dream, he turnet aside intil the parts o' Galilee.

23 An' he cam' an' dwalt in a city ca'd Nazareth; that it micht be fulfillet whilk was spoken by the prophets, He sall be ca'd a Nazarene.

Chap. III.

IN thae days cam' John the Baptist, preachin' in the wilderness o' Judea,

2 An' sayin', Repent ye; for the kingdom o' heaven is at han'.

3 For this is he wha was spoken o' by the prophet Esaias, sayin', The voice o' ane cryin' in the wilderness, Mak' ready the way o' the Lord, mak' his paths straught.

4 An' the same John had his claithin' o' camel's hair, an' a leather girdin' about his loins; an' his meat was locusts an' wild hiney.

5 Syne gaed out til him Jerusalem, an' a' Judea, an' a' the kintra roun' about Jordan,

6 An' were baptizet o' him in Jordan, confessin' their sins.

7 But whan he saw mony o' the Pharisees an' Sadducees come til his baptism, he said until them, O affspring o' vipers, wha hath warnet you to flee frae the wrath to come?

8 Bring furth therefore fruits fittin' for repentance:

9 An' dinna think to say until yoursels, We hae Abraham til our father; for I say until you, that God is able o' thae stanes to raise up childer until Abraham.

10 An' now alsua the axe is laid until the root o' the trees; therefore ilka tree whilk dothna bring furth guid fruit is hewet doun, an' coost intil the fire.

11 I indeed baptize you wi' water until repentance: but he wha cometh after me is michtier nor me, whase shoon I amna wordy to bear; he sall baptize you wi' the Haly Ghaist, an' wi' fire:

12 Whase fan is in his han', an' he will throughly purge his floor, an' gather his wheat intil the girnall; but he will burn up the caff wi' unslockenable fire.

13 Syne cometh Jesus frae Galilee til Jordan until John to be baptizet o' him.

14 But John forbade him, sayin', I hae need to be baptizet o' thee, an' comest thou til me?

15 An' Jesus answerin' said until him, Let it be sae now; for sae it becometh us to fulfil a' richteousness. Syne he let him.

16 An' Jesus, when he was baptizet, gaed up straughtway out o' the water; an', lo, the heavens were

openet until him, an' he saw the Spirit o' God comin' doun like a doo, an' lichtin' upon him:

17 An', lo, a voice frae heaven, sayin', This is my belovet Son, in wham I am weel pleaset.

Chap. IV.

SYNE was Jesus led up o' the Spirit intil the wilderness, to be temp'et o' the deevil.

2 An' whan he had fastet forty days an' forty nichts, he was afterwards an hunger't.

3 An' whan the temp'er cam' til him, he said, Gif thou be the Son o' God, commaun' that thae stanes be made bread.

4 But he answer't an' said, It is written, Man sallna live by bread alane, but by ilka word that gaeth out o' the mouth o' God.

5 Syne the deevil taketh him up intil the haly city, an' setteth him on a pinnacle o' the temple,

6 An' saith until him, Gif thou be the Son o' God, cast thysel doun; for it is written, He sall gie his angels charge anent thee; an' in their han's they sall bear thee up, lest at ony time thou dash thy fit agayne a stane.

7 Jesus said until him, It is written again, Thou salltna temp' the Lord thy God.

8 Again, the deevil taketh him up intil an unco high mountain, an' shaweth him a' the kingdoms o' the warld, an' the glory o' them;

9 An' saith until him, A' thae things will I gie thee, gif thou wilt fa' doun an' worship me.

10 Syne saith Jesus until him, Get thee behint me, Satan; for it is written, Thou sallt worship the Lord thy God, an' him alane sallt thou serve.

11 Syne the deevil leaveth him; an', behald, angels cam' an' minister't until him.

12 Now whan Jesus had hear't that John was coost intil prison, he gaed awa intil Galilee.

13 An' leavin' Nazareth, he cam' an' dwalt in Capernaum, whilk is upon the sea-coast, in the marches o' Zabulon an' Nephthalim;

14 That it micht be fulfillet whilk was spoken by Esaias the prophet, sayin',

15 The lan' o' Zabulon, an' the lan' o' Nephthalim, by the way o' the sea ayont Jordan in Galilee o' the Gentiles;

16 The folk wha sat in mirkness saw great licht; an' til thae wha sat in the region an' skaddow o' death licht is sprung up.

CHAP. IV.

17 Frae that time Jesus begoude to preach an' to say, Repent; for the kingdom o' heaven is at han'.

18 An' Jesus, gangin' by the sea o' Galilee, saw twa brithren, Simon ca'd Peter, an' Andrew his brither, castin' a net intil the sea, (for they were fishers.)

19 An' he saith until them, Follow me, an' I will mak' ye fishers o' men.

20 An' they straughtway quat their nets, an' followet him.

21 An' gangin' on frae there, he saw ither twa brithren, James the son o' Zebedee, an' John his brither, in a ship wi' Zebedee their father, mendin' their nets; an' he ca'd them.

22 An' they straughtway quat the ship an' their father, an' followet him.

23 An' Jesus gaed about a' Galilee, teachin' in their synagogues, an' preachin' the gospel o' the kingdom, an' healin' a' kin'kind o' ailment an' disease amang the folk.

24 An' his fame gaed throughout a' Syria; an' they broucht until him a' folk wha were ill, an' thae wha were taen wi' sindry diseases an' torments, an' thae wha were possesset wi' deevils, an' thae wha were lunatic, an' thae wha had the palsy; an' he healet them.

25 An' there followet him a meikle thrang o' folk frae Galilee, an' frae Decapolis, an' frae Jerusalem, an' frae Judea, an' frae ayont Jordan.

Chap. V.

AN' seein' the thrang, he gaed up intil a mountain, an' whan he had sat doun, his disciples cam' until him:

2 An' he openet his mouth, an' taucht them, sayin',

3 Blesset are the puir in spirit: for theirs is the kingdom o' heaven.

4 Blesset are they wha murn: for they sall be comfortet.

5 Blesset are the meek: for they sall inherit the yirth.

6 Blesset are they wha hunger an' thirst after richteousness: for they sall be fillet.

7 Blesset are the mercifu': for they sall obteen mercy.

8 Blesset are the pure in hairt: for they sall see God.

9 Blesset are the peace-makers: for they sall be ca'd the childer o' God.

CHAP. V. 13

10 Blesset are they wha are persecutet for richteousness' sak': for theirs is the kingdom o' heaven.

11 Blesset are ye, whan men sall misca' you, an' persecute you, an' sall say a' kin'kind o' evil agayne you fausely, for my sak'.

12 Rejoice, an' be unco glad; for meikle is your reward in heaven: for sae persecutet they the prophets wha were afore you.

13 Ye are the saut o' the yirth; but gif the saut hath tint its savour, wharewi' sall it be sautet? it is thancefurth guid for naething, but to be coost out, an' to be trampet under fit o' men.

14 Ye are the licht o' the warld. A toun that is set on a hill canna be hidden.

15 Neither do men licht a can'le, an' pit it aneath a bushel, but on a can'lestick, an' it gieth licht unto a' that are in the house.

16 Let your licht sae shine afore men, that they may see your guid warks, an' glorify your Father wha is in heaven.

17 Trowna that I am come to destroy the law or the prophets: I amna come to destroy, but to fulfill.

18 For verily I say unto you, Till heaven an' yirth

pass, ae jot or ae tittle sall in naewise pass frae the law till a' be fulfillet.

19 Whasaever therefore sall break ane o' the laist o' thae commaun'ments, an' sall teach men sae, he sall be ca'd the laist in the kingdom o' heaven, but whasaever sall do an' teach them, the same sall be ca'd great in the kingdom o' heaven.

20 For I say until you, that excep' your richteousness gae ayont the richteousness o' the Scribes an' Pharisees, ye sall in nae case gae intil the kingdom o' heaven.

21 Ye hae hear't that it was said by them o' auld time, Thou salltna kill; an' whasaever sall kill sall be in danger o' the judgment.

22 But I say until you, That whasaever is angry wi' his brither withouten a cause sall be in danger o' the judgment; an' whasaever sall say til his brither, Raca, sall be in danger o' the cuncil; but whasaever sall say, Thou fule, sall be in danger o' hell-fire.

23 Therefore, gif thou bring thy gift til the altar, an' there it come til thy mind that thy brither hath aucht agayne thee,

24 Quat there thy gift afore the altar, an' gae thy gate; first mak' frien's wi' thy brither, an' syne come an' offer thy gift.

CHAP. V.

25 'Gree wi' thine adversary affhan' whiles thou art in the way wi' him; lest at ony time the adversary gie thee owre til the judge, an' the judge gie thee owre til the officer, an' thou be coost intil prison.

26 Verily I say unto thee, Thou sallt by nae means come out frae there till thou hast paid the uttermaist bodle.

27 Ye hae hear't that it was said by them o' auld time, Thou salltna commit adult'ry:

28 But I say until you, That whasaever leuketh on a woman to lang after her hath committet adult'ry wi' her a'ready in his hairt.

29 An' gif thy richt ee offen' thee, pike it out, an' cast it frae thee: for it is profitable for thee that ane o' thy members sud perish, an' no that thy hale body sud be coost intil hell.

30 An' gif thy richt han' offen' thee, cut it aff, an' cast it frae thee: for it is profitable for thee that ane o' thy members sud perish, an' no that thy hale body sud be coost intil hell.

31 It hath been said, Whasaever sall pit awa his wife, let him gie her a writ o' divorcement:

32 But I say until you, That whasaever sall pit awa his wife saufan' for the cause o' furnication garreth her

commit adult'ry; an' whasaever sall marry her that is divorcet, committeth adult'ry.

33 Again, ye hae hear't that it hath been said by them o' auld time, Thou salltna mansweer thysel, but sallt mak' guid unto the Lord thine aiths:

34 But I say until you, Dinna sweer ava: neither by heaven, for it is God's throne;

35 Nor by the yirth, for it is his fitstule; neither by Jerusalem, for it is the city o' the great King:

36 Neither sallt thou sweer by thy head, because thou canstna mak' ae hair white or black:

37 But let your converse be Ay, Ay; Na, Na; for whatsaever is mair nor thae cometh o' evil.

38 Ye hae hear't that it hath been said, An ee for an ee, an' a tooth for a tooth:

39 But I say until you, That ye dinna resent evil, but whasaever sall smite thee on thy richt cheek, turn til him the tither alsua.

40 An' gin ony man will sue thee at the law, an' tak' awa thy coat, let him hae thy cloak alsua.

41 An' whasaever sall gar thee gang ae mile, gang wi' him twa.

42 Gie til him wha asketh thee, an' frae him wha wad borrow o' thee turnna thou awa.

43 Ye hae hear't that it hath been said, Thou sallt loe thy neibor, an' hate thine enemy.

44 But I say until you, Loe your enemies, bless thae wha ban you, do guid til thae wha hate you, an' pray for thae wha spitefully use you, an' persecute you.

45 That ye may be the childer o' your Father wha is in heaven; for he maketh his sun to rise on the bad an' on the guid, an' sendeth rain on the just an' on the unjust.

46 For gin ye loe thae wha loe you, what reward hae ye? dinna e'en the publicans the same?

47 An gin ye salute your brithren alane, what do ye mair nor ithers? dinna e'en the publicans sae?

48 Be ye therefore perfite, e'en as your Father wha is in heaven is perfite.

Chap. VI.

TAK' tent that ye dinna your aumis afore men, to be seen o' them; itherwaise ye hae nae reward o' your Father wha is in heaven.

2 Therefore whan thou doest thine aumis, dinna toot a trumpet afore thee, as the hypocrites do in the

synagogues an' in the throwgangs, that they may hae glory o' men. Verily I say unto you, They hae their reward.

3 But whan thou doest thine aumis, letna thy left han' ken what thy richt han' doeth :

4 That thine aumis may be in secret; an' thy Father wha seeth in secret, himsel sall reward thee openly.

5 An' whan thou prayest, thou salltna be as the hypocrites are; for they loe to pray stan'in' in the synagogues an' in the neuks o' the throwgangs, that they may be seen o' men. Verily I say unto you, They hae their reward.

6 But thou, whan thou prayest, gae intil thy closet, an' whan thou hast steeket thy door, pray til thy Father wha is in secret; an' thy Father, wha seeth in secret, sall reward thee openly.

7 But whan ye pray, usena vain repetitions as the heathen do; for they trow that they sall be hear't for their meikle speakin'.

8 Binna ye therefore like until them; for your Father kenneth what things ye hae need o', afore ye ask him.

9 After this gate therefore pray ye : Our Father wha art in heaven, Hallowet be thy name.

CHAP. VI.

10 Thy kingdom come. Thy will be dune in yirth as it is in heaven.

11 Gie us this day our daily bread.

12 An' forgie us our debts, as we forgie our debtors:

13 An' lead us na intil temptation, but deliver us frae evil; for thine is the kingdom, an' the power, an' the glory, for ever. Amen.

14 For gin ye forgie men their fauts, your heavenly Father will forgie you alsua.

15 But gin ye forgiena men their fauts, neither will your Father forgie your fauts.

16 Mairowre whan ye fast, binna as the hypocrites, o' a dowie leuk, for they disfigure their faces that they may kythe until men to fast. Verily I say unto you, They hae their reward.

17 But thou, whan thou fastest, aneynt thy head, an' wash thy face:

18 That thou dinna kythe until men to fast, but until thy Father wha is in secret; an' thy Father, wha seeth in secret, sall reward thee openly.

19 Dinna lay by for yoursels walth upon yirth, whare moth an' rust doth corrup', an' whare rievers break through an' steal.

20 But lay by for yoursels walth in heaven, whare neither moth nar rust doth corrup', an' whare rievers dinna break through nar steal.

21 For whare your walth is there will your hairt be alsua.

22 The licht o' the body is the ee; gif therefore thine ee be single, thy hale body sall be fu' o' licht.

23 But gif thine ee be evil, thy hale body sall be fu' o' mirkness. Gif therefore the licht that is in thee be mirk, how meikle is that mirkness!

24 Nae man can serve twa maisters; for either he will hate the ane, an' loe the tither; or else he will haud til the ane an' despise the tither. Ye canna serve God an' Mammon.

25 Therefore I say until you, Tak' nae thoucht for your life, what ye sall eat, or what ye sall drink; nar yet for your body, what ye sall pit on. Isna the life mair nor meat, an' the body nor claes?

26 Behald the burds o' the air; for they dinna saw, neither do they shear, nar gather intil barns; yet your heavenly Father feedeth them. Arena ye meikle better nor they?

27 Whilk o' you by takin' thoucht can add ae cubit until his stature?

28 An' why tak' ye thoucht for claes? Think o' the lilies o' the field, how they grow; they toilna, neither do they spin:

29 An' yet I say until you, That e'en Solomon in a' his glory wasna decket like ane o' these.

30 Wharefore, gif God sae claithe the gerse o' the field, whilk the day is, an' the morn is coost intil the oon, sallna he meikle mair claithe you, O ye o' little faith?

31 Therefore tak' nae thoucht, sayin', What sall we eat? or, What sall we drink? or, Wharewithal sall we be claithet?

32 (For after a' thae things do the Gentiles seek:) for your heavenly Father kenneth that ye hae need o' a' thae things.

33 But seek ye first the kingdom o' God an' his richteousness, an' a' thae things sall be gien until you forbye.

34 Tak' therefore nae thoucht for the morn: for the morn sall tak' thoucht for the things o' itsel. Eneugh for the day is the evil thereo'.

Chap. VII.

JUDGENA, that ye binna judget.

2 For wi' what judgment ye judge, ye sall be judget; an' wi' what measure ye mete, it sall be measuret til you again.

3 An' why behaldest thou the mote that is in thy brither's ee; but takestna tent o' the beam that is in thine ain ee?

4 Or how wilt thou say til thy brither, Let me pu' out the mote out o' thine ee, an', behald, a beam is in thine ain ee?

5 Thou hypocrite, first tak' out the beam out o' thine ain ee, an' than sallt thou see clearly to tak' out the mote out o' thy brither's ee.

6 Giena that whilk is haly until the dogs; neither fling ye your pearls afore swine, lest they tramp them under fit, an' turn again an' rive you.

7 Ask, an' it sall be gien you; seek, an' ye sall fin'; chap, an' it sall be openet until you.

8 For ilka ane wha asketh getteth; an' he wha seeketh fin'eth; an' til him wha chappeth, it sall be openet.

9 Or what man is there o' you, wha gif his son ask bread, will gie him a stane?

10 Or gif he ask a fish, will he gie him a serpent?

11 Gin ye than, bein' evil, ken how to gie guid gifts until your bairns, how meikle mair sall your Father wha is in heaven gie guid things til them wha ask him?

12 Therefore a' things whatsaever ye wad that men sud do til you, do you e'en sae til them; for this is the law an' the prophets.

13 Gang ye in at the strait yett; for wide is the yett, an' braid is the road, whilk leadeth til destruction, an' mony there be wha gae in thereat.

14 Because strait is the yett, an' narrow is the road, whilk leadeth until life, an' few there be wha fin' it.

15 Bewaure o' fause prophets, wha come til you in sheep's claithin', but inwardly they are ravenin' wouves.

16 Ye sall ken them by their fruits. Do men gather grapes o' thorns, or fegs o' thrissles?

17 E'en sae ilka guid tree bringeth furth guid fruit; but a bad tree bringeth furth bad fruit.

18 A guid tree canna bring furth bad fruit, neither can a bad tree bring furth guid fruit.

19 Ilka tree that bringethna furth guid fruit is hewet doun an' coost intil the fire.

20 Wharefore by their fruits ye sall ken them.

21 Ilka ane that saith until me, Lord, Lord, sallna gae intil the kingdom o' heaven; but he wha doeth the will o' my Father wha is in heaven.

22 Mony will say til me in that day, Lord, Lord, haena we prophesiet in thy name, an' in thy name hae coost out deevils, an' in thy name hae dune mony wonderfu' warks?

23 An' syne will I declare until them, I never kent you; gae awa frae me, ye wha wark iniquity.

24 Therefore whasaever heareth thae sayin's o' mine, an' doeth them, I will liken him until a wise man wha bigget his house upon a rock.

25 An' the rain raschet doun, an' the fluids cam', an' the win's blew, an' blatter't agayne that house, an' it fellna; for it was fundet on a rock.

26 An' ilka ane that heareth thae sayin's o' mine, an' dothna do them, sall be likenet until a fulish man wha bigget his house upon the san'.

27 An' the rain raschet doun, an' the fluids cam', an' the win's blew, an' blatter't agayne that house, an' it fell; an' great was the fa' o' it.

28 An' it cam' to pass, whan Jesus had endet thae sayin's, the folk wonder't at his teachin'.

29 For he taucht them as ane haein' authority, an' no as the scribes.

Chap. VIII.

WHAN he was come doun frae the mountain, a meikle thrang followet him.

2 An', behald, there cam' a leper an' worshippet him, sayin', Lord, gif thou wilt, thou canst mak' me clean.

3 An' Jesus pat furth his han', an' touchet him, sayin', I will; be thou clean. An' straughtway his leprosy was cleanset.

4 An' Jesus saith until him, See thou tell nae man; but gae thy gate, shaw thysel to the priest, an' offer the gift that Moses commaundet for a witness until them.

5 An' whan Jesus was gane intil Capernaum, there cam' until him a centurion, beseechin' him,

6 An' sayin', Lord, my servan' lieth at hame ill o' the palsy, sairly afflickit.

7 Jesus saith until him, I will come an' heal him.

8 The centurion answer't an' said, Lord, I amna wordy that thou sudst come anunder my roof; but speak the word only, an' my servan' sall be healet.

9 For I am a man in authority, haein' sodgers aneath me; an' I say til this man, Gae, an' he gaeth; an' til anither, Come, an' he cometh; an' til my servan', Do this, an' he doeth it.

10 Whan Jesus hear't it, he wonder't, an' said til thae wha followet, Verily I say unto you, I haena fund sae meikle faith, na, in a' Israel.

11 An' I say until you, That mony sall come frae the east an' wast, an' sall sit doun wi' Abraham, an' Isaac, an' Jacob, in the kingdom o' heaven.

12 But the childer o' the kingdom sall be coost out intil outer mirkness; there sall be greetin' an' runchin' o' teeth.

13 An' Jesus said until the centurion, Gae thy gate; an' as thou hast believet, sae be it dune until thee. An' his servan' was healet in that vera same hour.

14 An' whan Jesus was come intil Peter's house, he saw his wife's mither bedfast, an' ill o' a fever;

15 An' he touchet her han', an' the fever left her; an' she rase up, an' minister't until them.

16 Whan the gloamin' was come they broucht until him mony wha were possesset wi' deevils, an' he coost out the spirits wi' his word, an' healet a' wha were ill.

17 That it micht be fulfillet whilk was spoken by

CHAP. VIII. 27

Esaias the prophet, sayin', Himsel teuk our infirmities an' bure our sicknesses.

18 Now whan Jesus saw a meikle thrang about him, he gied commaun'ment to gae til the ither side.

19 An' a certain scribe cam', an' said until him, Maister, I will follow thee whithersaever thou gaest.

20 An' Jesus saith until him, The tods hae holes, an' the burds o' the air hae nests; but the Son o' man hathna whare to lay his head.

21 An' anither o' his disciples said until him, Lord, let me first gang an' bury my father.

22 But Jesus said until him, Follow me; an' let the dead bury their dead.

23 An' whan he was gane intil a ship, his disciples followet him.

24 An', behald, there rase up an unco tempest in the sea, insaemeikle that the ship was cover't wi' the waves; but he was sleepin'.

25 An' his disciples cam' until him, an' waukenet him, sayin', Lord, saufe us: we perish!

26 An' he saith until them, Why are ye sae fearfu', O ye o' little faith? Syne he rase up, an' rebuket the win's an' the sea; an' there was an unco calm.

27 But the men wonder't, sayin', What kind o' man is this that e'en the win's an' the sea obey him?

28 An' whan he was come til the ither side intil the kintra o' the Gergesenes, there met him twa possesset wi' deevils comin' out o' the tombs, unco fierce, sae that nae man micht gang by that road.

29 An', behald, they criet out, sayin', What hae we to do wi' thee, Jesus, thou Son o' God? art thou come here to torment us afore the time?

30 An' there was a guid way aff frae them a hirsel o' mony swine feedin'.

31 Sae the deevils besoucht him, sayin', Gif thou cast us out, let us gae intil the hirsel o' swine.

32 An' he said until them, Gae. An' whan they were come out, they gaed intil the hirsel o' swine; an', behald, the hale hirsel o' swine ran headlang doun a heugh intil the sea, an' perishet in the waters.

33 An' they wha herdet them fled, an' gaed their gate intil the toun, an' tauld ilka thing, an' what was befa'en to the possesset o' the deevils.

24 An', behald, the hale toun cam' out to meet Jesus: an' whan they saw him they besoucht him that he wad gang awa out o' their marches.

Chap. IX.

A N' he gaed intil a ship, an' passet owre, an' cam' intil his ain toun.

2 An', behald, they broucht til him a man ill o' the palsy, lyin' on a bed: an' Jesus seein' their faith, said until the ill o' the palsy, Son, be o' guid cheer, thy sins are forgien thee.

3 An', behald, some o' the scribes said til themsels, This man blasphemeth.

4 An' Jesus kennin' their thouchts, said, Wharefore think ye evil in your hairts?

5 For whilk is easier, to say, Thy sins are forgien thee; or to say, Rise up, an' gae awa?

6 But that ye may ken that the Son o' man hath power on yirth to forgie sins (syne saith he til the ill o' the palsy,) Rise up, tak' up thy bed, an' gang until thine house.

7 An' he rase up, an' gaed awa til his house.

8 But whan the thrang saw it, they wonder't an' glorifiet God, wha had gien sic power until men.

9. An' as Jesus gaed furth frae there he saw a man, ca'd Matthew, sittin' at the reset o' stent; an' he

saith until him, Follow me. An' he rase up, an' followet him.

10 An' it cam' to pass, as Jesus sat at meat in the house, behald, mony publicans an' sinners cam' an' sat doun wi' him an' his disciples.

11 An' whan the Pharisees saw it, they said until his disciples, Why eateth your Maister wi' publicans an' sinners?

12 But whan Jesus hear't that, he said until them, They wha are hale needna a doctor, but they wha are ill.

13 But gae ye an' learn what that meaneth, I will hae mercy, an' no sacrifice; for I amna come to ca' the richteous, but sinners til repentance.

14 Syne cam' til him the disciples o' John, sayin', Why do we an' the Pharisees fast aft, but thy disciples dinna fast?

15 An' Jesus said until them, Can the childer o' the bride-chammer murn as lang as the bridegroom is wi' them? but the days will come whan the bridegroom sall be taen frae them, an' than sall they fast.

16 Nae man pitteth a patch o' new claith intil an auld garment, for that whilk is putten in to fill it up taketh frae the garment, an' the rive is made waur.

17 Neither do men pit new wine intil auld bottles;

else the bottles brust, an' the wine rinneth out, an' the bottles perish; but they pit new wine intil new bottles, an' baith are preservet.

18 While he spak' thae things until them, behald, there cam' a certain ruler, an' worshippet him, sayin', My dochter is e'en now dead; but come an' lay thy han' upon her, an' she sall live.

19 An' Jesus rase up, an' followet him, an' sae did his disciples.

20 An', behald, a woman wha had been afflickit wi' a rinnin' o' bluid twal years, cam' ahint him, an' touchet the hem o' his garment.

21 For she said until hersel, Gin I may but touch his garment, I sall be hale.

22 But Jesus turnet him about, an' whan he saw her, he said, Dochter, be o' guid cheer; thy faith hath made thee hale. An' the woman was made hale frae that hour.

23 An' whan Jesus cam' intil the ruler's house, an' saw the minstrels an' the folk makin' a rowtin',

24 He said until them, Stan' back; for the lassie isna dead, but sleepeth. An' they lauchet him til scorn.

25 But whan the folk were putten furth, he gaed in an' teuk her by the han', an' the lassie rase up.

26 An' the fame o' this gaed abraid outowre a' that kintra.

27 An' whan Jesus gaed awa frae there, twa blin' men followet him, cryin' an' sayin', Thou Son o' David, hae pity on us.

28 An' whan he was come intil the house, the blin' men cam' til him; an' Jesus saith until them, Trow ye that I am able to do this? They said until him, Ay, Lord.

29 Syne touchet he their een, sayin', Sae as is your faith, be it until you.

30 An' their een were openet; an' Jesus strickly charget them, sayin', See that nae man ken it.

31 But they, whan they had gane awa, spread abraid his fame in a' that kintra.

32 As they gaed out, behald, they broucht til him a dumb man possesset wi' a deevil.

33 An' whan the deevil was coost out, the dumb spak', an' the thrang wonder't, sayin', The like o' this was never seen in Israel.

34 But the Pharisees said, He casteth out deevils through the prince o' the deevils.

35 An' Jesus gaed about a' the touns an' clachans, teachin' in their synagogues, an' preachin' the gospel

o' the kingdom, an' healin' ilka sickness an' ailment amang the folk.

36 But whan he saw the thrang, he was movet wi' pity towards them, because they were forfoughten, an' were skaillet abraid, as sheep haein' nae shepherd.

37 Syne he saith until his disciples, The hairst truly is routhie, but the shearers are few.

38 Pray ye therefore the Lord o' the hairst that he will sen' furth shearers intil his hairst.

Chap. X.

AN' whan he had ca'd until him his twal disciples he gied them power agayne unclean spirits, to cast them out, an' to heal a' kin'kind o' ills an' ailments.

2 Now the names o' the twal apos'les are thae: The first, Simon, wha is ca'd Peter, an' Andrew his brither; James the son o' Zebedee, an' John his brither;

3 Philip, an' Bartholomew; Thomas, an' Matthew the publican; James the son o' Alpheus; an' Lebbeus, whase surname was Thaddeus;

4 Simon the Canaanite, an' Judas Iscariot, wha alsua betrayet him.

5 Thae twal Jesus sendet furth, an' commaundet them,

sayin', Gaena intil the way o' the Gentiles, an' intil ony toun o' the Samaritans dinna ye gang:

6 But gae rather til the tint sheep o' the house o' Israel.

7 An', as ye gae, preach, sayin', The kingdom o' heaven is at han'.

8 Heal thae wha are ill, cleanse the lepers, raise the dead, cast out deevils; freely ye hae gotten, freely gie.

9 Tak' neither gowd, nar siller, nar brass, in your purses:

10 Nar wallet for your journey, neither twa coats, neither shoon, nar yet sticks; for the warkman is wordy o' his meat.

11 An' intil whatsaever city or toun ye sall gae, spier wha in it is wordy; an' there bide till ye gae frae there.

12 An' whan ye come intil a house, salute it.

13 An' gif the house be wordy, let your peace come upon it; but gin it binna wordy, let your peace come back til you.

14 An' whasaever sallna welcome you, nar hear your words, whan ye gang awa out o' that house or toun, daud aff the stoure frae your feet.

15 Verily I say unto you, It sall be mair brookable

CHAP. X.

for the lan' o' Sodom an' Gomorrah in the day o' judgment nor for that toun.

16 Behald, I sen' you furth as sheep amang wouves; be ye therefore wylie as serpents, an' saikless as doos.

17 But tak' tent o' men; for they will gie you up til the cuncils, an' they will scourge you in their synagogues.

18 An' ye sall be broucht afore governors an' kings for my sak', for a witness agayne them an' the Gentiles.

19 But whan they gie you up, tak' nae thoucht how or what ye sall speak; for it sall be gien you in that same hour what ye sall speak.

20 For it isna ye that speak, but the Spirit o' your Father wha speaketh in you.

21 An' the brither sall gie up the brither til death, an' the father the child, an' the childer sall rise up agayne their parents, an' gar them be putten til death.

22 An' ye sall be hatet o' a' men for my name's sak': but he wha stan'eth out til the en' sall be saufet.

23 But whan they persecute you in ae toun, flee ye intil anither; for verily I say unto you, Ye sallna hae gane owre the touns o' Israel till the Son o' man be come.

24 The disciple isna aboon his maister, nar the servan' aboon his lord.

25 It is eneugh for the disciple that he be as his maister, an' the servan' as his lord. Gif they have ca'd the maister o' the house Beelzebub, how meikle mair sall they ca' them o' his househauld?

26 Dinna fear them therefore; for there is naething cover't that sallna be uncover't, an' hidden that sallna be kent.

27 What I tell you in mirkness, that speak ye in licht; an' what ye hear in the ear, that preach ye upon the riggins.

28 An' dinna fear thae wha kill the body, but arena able to kill the saul; but rather fear him wha is able to destroy baith saul an' body in hell.

29 Arena twa sparrows sauld for ae bodle? an' ane o' them sallna fa' to the grun' withouten your Father.

30 But the vera hairs o' your head are a' countet.

31 Dinna ye fear therefore; ye are o' mair worth nor mony sparrows.

32 Whasaever therefore sall confess me afore men, him will I confess alsua afore my Father wha is in heaven.

33 But whasaever sall deny me afore men, him will I alsua deny afore my Father wha is in heaven.

34 Trowna that I am come to sen' peace on yirth: I camena to sen' peace, but a swerd.

35 For I am come to set a man at feide agayne his father, an' the dochter agayne her mither, an' the dochter-in-law agayne her mither-in-law;

36 An' a man's faes sall be they o' his ain househauld.

37 He wha loeth father or mither mair nor me isna wordy o' me; an' he wha loeth son or dochter mair nor me isna wordy o' me.

38 An' he wha takethna his cross, an' gaeth after me, isna wordy o' me.

39 He wha fin'eth his life sall tine it; an' he wha tineth his life for my sak' sall fin' it.

40 He wha receiveth you receiveth me, an' he wha receiveth me receiveth him wha sendet me.

41 He wha receiveth a prophet in the name o' a prophet sall be gien a prophet's reward; an' he wha receiveth a richteous man in the name o' a richteous man sall be gien a richteous man's reward.

42 An' whasaever sall gie to drink until ane o' thae wee anes a tass o' cauld water only in the name o' a disciple, verily I say unto you, he sall in nae case tine his reward.

Chap. XI.

AN' it cam' to pass whan Jesus had made an' en' o' commaundin' his twal disciples, he gaed awa frae there to teach an' to preach in their touns.

2 Now whan John had hear't in the prison the warks o' Christ he sendet twa o' his disciples,

3 An' said until him, Art thou he that sud come, or do we leuk for anither?

4 Jesus answer't an' said until them, Gae ye, an' shaw John again thae things whilk ye do hear an' see:

5 The blin' receive their sicht, an' the lame gang, the lepers are cleanset, an' the deaf hear, the dead are raiset up, an' the puir hae the gospel preachet til them.

6 An' blesset is he whasaever sallna be offendet because o' me.

7 An', as they gaed awa, Jesus begoude to say until the thrang anent John, What gaed ye out intil the wilderness to see? a reed shaken wi' the win'?

8 But what gaed ye out for to see? a man claithet in saft claes? Behald, they wha wear saft claithin' are in kings' houses.

CHAP. XI.

9 But what gaed ye out for to see? a prophet? ay, I say until you, an' mair nor a prophet.

10 For this is he o' wham it is written, Behald, I sen' my messenger afore thy face wha sall mak' ready thy road afore thee.

11 Verily I say unto you, Amang thae wha are born o' women there hathna risen a greater nor John the Baptist: yet he that is laist in the kingdom o' heaven is greater nor he.

12 An' frae the days o' John the Baptist till now the kingdom o' heaven tholeth violence, an' the violent tak' it by force.

13 For a' the prophets an' the law prophesiet till John.

14 An' gin ye will receive it, this is Elias, wha was for to come.

15 He wha hath ears to hear, let him hear.

16 But whareuntil sall I even this generation? It is like unto childer sittin' in the markets, an' ca'ing until their fallows,

17 An' sayin', We hae pipet until you, an' ye haena dancet; we hae murnet until you, an' ye haena lamentet.

18 For John cam' neither eatin' nar drinkin', an' they say, He hath a deevil.

19 The Son o' man cam' eatin' an' drinkin', an' they say, Behald a man gluttonous an' a wine-bibber, a frien' o' publicans an' sinners. But wisdom is justifiet o' her childer.

20 Syne begoude he to upbraid the touns wharein maist o' his michty warks were dune, because they didna repent:

21 Wae until thee, Chorazin! wae until thee, Bethsaida! for gif the michty warks whilk were dune in you had been dune in Tyre an' Sidon, they wad hae repented lang syne in sackclaith an' ases.

22 But I say until you, It will be mair brookable for Tyre an' Sidon at the day o' judgment nor for you.

23 An' thou, Capernaum, whilk art liftet up until heaven sall be broucht doun til hell; for gif the michty warks whilk hae been dune in thee had been dune in Sodom, it wad hae been t' the fore until this day.

24 But I say until you, that it sall be mair brookable for the lan' o' Sodom in the day o' judgment nor for thee.

25 At that time Jesus spak' an' said, I thank thee, O Father, Lord o' heaven an' yirth, because thou hast hidden thae things frae the wise an' prudent, an' hast shawed them until bairns.

26 E'en sae, Father: for sae it seemet guid in thy sicht.

27 A' things are gien until me o' my Father; an' nae man kenneth the Son but the Father; neither kenneth ony man the Father saufan' the Son, an' he til whamsaever the Son sall shaw him.

28 Come until me, a' ye wha labor an' are heavy laden, an' I will gie you rest.

29 Tak' my yoke upon you, an' learn o' me; for I am meek an' laighly in hairt; an' ye sall fin' rest until your sauls.

30 For my yoke is easy, an' my burden is licht.

Chap. XII.

AT that time Jesus gaed on the Sabbath-day through the corn: an' his disciples were an hunger't, an' begoude to pu' the pyles o' corn, an' to eat.

2 But whan the Pharisees saw it, they said until him, Behald, thy disciples do that whilk isna lawfu' to do upon the Sabbath-day.

3 But he said until them, Haena ye read what David did whan he was an hunger't, an' they wha were wi' him;

4 How he gaed intil the house o' God, an' did eat the shaw-bread, whilk wasna lawfu' for him to eat, neither for thae wha were wi' him, but for the priests alane?

5 Or haena ye read in the law how that on the sabbath-days the priests in the temple profane the sabbath, an' arena blamet?

6 But I say until you, That in this place is ane greater nor the temple.

7 But gin ye had kent what this meaneth, I will hae mercy, an' no sacrifice, ye wadna hae condemnet the wyteless.

8 For the Son o' man is Lord e'en o' the sabbath-day.

9 An' whan he had gane awa frae that place, he gaed intil their synagogue:

10 An', behald, there was a man wha had his han' wizen't. An' they spier't at him, sayin', Is 't lawfu' to heal on the sabbath-days? that they micht delate him.

11 An' he said until them, What man sall there be amang ye that sall hae ae sheep, an' gin it fa' intil a heugh on the sabbath-day, winna he tak' haud o' it, an' lift it out?

12 How meikle than is a man better nor a sheep?

Wharefore it is lawfu' to do guid on the sabbath-days.

13 Syne saith he til the man, Rax furth thine han'. An' he raught it furth, an' it was made hale like as the ither.

14 Syne the Pharisees gaed out, an' held a cuncil agayne him, how they micht destroy him.

15 But whan Jesus kent it, he beteuk himsel frae there; an' a meikle thrang followet him, an' he healet them a';

16 An' he charget them that they sudna mak' him kent:

17 That it micht be fulfillet whilk was spoken by Esaias the prophet, sayin',

18 Behald my servan', wham I hae wal'd; my belovet, in wham my saul is weel pleaset: I will pit my spirit upon him, an' he sall shaw judgment til the Gentiles.

19 He sallna strive, nar cry; neither sall ony man hear his voice in the throwgangs.

20 A bruiset reed he sallna break, an' reekin' lint he sallna slocken, till he sen' furth judgment until victory.

21 An' in his name sall the Gentiles lippen.

22 Syne was broucht until him ane possesset wi' a

deevil, blin' an' dumb: an' he healet him, insaemeikle that the blin' an' dumb baith spak' an' saw.

23 An' a' the folk were amazet, an' said, Isna this the Son o' David?

24 But whan the Pharisees hear't it, they said, This fallow dothna cast out deevils but by Beelzebub the prince o' the deevils?

25 An' Jesus kent their thouchts, an' said until them, Ilka kingdom at feide agayne itsel is broucht til desolation; an' ilka toun or house at feide agayne itsel sallna stan':

26 An' gif Satan cast out Satan, he is makin' war agayne himsel, syne how sall his kingdom stan'?

27 An' gin I by Beelzebub cast out deevils, by wham do your childer cast them out? Therefore they sall be your judges.

28 But gin I cast out deevils by the Spirit o' God, syne the kingdom o' God is come until you.

29 Or else how can ony ane gang intil the house o' a strang man, an' spulyie his guids, excep' he first bin' the strang man? an' than he will spulyie his house.

30 He that isna wi' me is agayne me; an' he that dothna gather wi' me strinkleth abraid.

31 Wharefore I say until you, A' kin'kind o' sin an'

CHAP. XII.

blasphemy sall be forgien until men; but the blasphemy agayne the Haly Ghaist sallna be forgien until men.

32 An' whasaever speaketh a word agayne the Son o' man, it sall be forgien him; but whasaever speaketh agayne the Haly Ghaist, it sallna be forgien him, neither in this warld, nar in the warld to come.

33 Either mak' the tree guid, an' his fruit guid; or else mak' the tree bad, an' his fruit bad: for the tree is kent by its fruit.

34 O affspring o' vipers, how can ye, bein' evil, speak guid things? for out o' the fu'ness of the hairt the mouth speaketh.

35 A guid man out o' the guid treasure o' the hairt bringeth furth guid things, an' a bad man out o' the bad treasure bringeth furth bad things.

36 But I say until you, That ilka idle word that men sall speak they sall gie an account thereo' in the day o' judgment.

37 For by thy words thou sallt be justifiet, an' by thy words thou sallt be condemnet.

38 Syne certain o' the scribes an' o' the Pharisees answer't, sayin', Maister, we wad see a sign frae thee.

39 But he answer't an' said until them, An evil an' adult'rous generation seeketh after a sign; an' there

sall nae sign be gien til it but the sign o' the prophet Jonas:

40 For as Jonas was three days an' three nichts in the wame of the whale; sae sall the Son o' man be three days an' three nichts in the hairt o' the yirth.

41 The men o' Nineveh sall rise in judgment wi' this generation an' sall condemn it: because they repented at the preachin' o' Jonas; an', behald, a greater nor Jonas is here.

42 The queen o' the south sall rise up in the judgment wi' this generation, an' sall condemn it; for she came frae the uttermaist pairts o' the yirth to hear the wisdom o' Solomon; an', behald, a greater nor Solomon is here.

43 Whan the unclean spirit is gane out o' a man, he gangeth through dry places seekin' rest, an' fin'eth nane.

44 Syne he saith, I will gae back intil my house frae whare I cam' out; an' whan he is come, he fin'eth it toom, swupet, an' decket.

45 Syne gangeth he, an' taketh wi' himsel seven ither spirits mair wicked nor himsel, an' they gae in, an' bide there; an' the last state o' that man is waur nor the first. E'en sae sall it be alsua until this wicket generation.

46 Whiles he yet spak' til the folk, behald, his mither an' his brithren stood outbye, wantin' to speak wi' him.

47 Syne ane said until him, Behald, thy mither an' thy brithren stan' outbye, wantin' to speak wi' thee.

48 But he answer't an' said until him that tauld him, Wha is my mither? an' wha are my brithren?

49 An' he raught furth his han' toward his disciples, an' said, Behald my mither an' my brithren!

50 For whasaever sall do the will o' my Father wha is in heaven, the same is my brither, an' sister, an' mither.

Chap. XIII.

THE same day gaed Jesus out o' the house an' sat by the sea-side.

2 An' a meikle thrang was gather't thegither until him, sae that he gaed intil a ship, an' sat; an' the hale thrang stood on the shore.

3 An' he spak' mony things until them in parables, sayin', Behald, a sawer gaed furth to saw.

4 An' whan he sawet, some seeds fa'd by the road-side, an' the fowls cam' an' gorblet them up.

5 Some fa'd upon stany places, whare they hadna

meikle yird: an' at ance they sprootet up, because they had nae deepness o' yird:

6 An' whan the sun rase up, they were scowder't; an' because they had nae root they dowet awa.

7 An' some fa'd amang thorns; an' the thorns sprootet up, an' choket them.

8 But ithers fa'd intil guid grun', an' broucht furth fruit, some an hunderd-fauld, some saxty-fauld, some thretty-fauld.

9 Wha hath ears to hear, let him hear.

10 An' his disciples cam' an' said until him, Why speakest thou until them in parables?

11 He answer't an' said until them, Because it is gien until you to ken the myst'ries o' the kingdom o' heaven, but til them it isna gien.

12 For whasaever hath til him sall be gien, an' he sall hae mair rowth; but whasaever hathna, frae him sall be taen awa e'en that whilk he hath.

13 Therefore speak I til them in parables; because seein', they seena; an' hearin', they hearna; neither do they understan'.

14 An' in them is fulfillet the prophecy o' Esaias, whilk saith, By hearin' ye sall hear, an' sallna understan'; an' seein' ye sall see, an' sallna perceive:

15 For this people's hairt is waxet gross, an' their ears dull o' hearin', an' their een they hae stecket; lest at ony time they sud see wi' their een, an' hear wi' their ears, an' sud understan' wi' their hairt, an' sud be convertet, an' I sud heal them.

16 But blesset are your een, for they see; an' your ears, for they hear.

17 For verily I say unto you, That mony prophets an' richteous men hae desiret to see thae things whilk ye see, an' haena seen them; an' to hear thae things whilk ye hear, an' haena hear't them.

18 Hear ye therefore the parable o' the sawer.

19 Whan ony ane heareth the word o' the kingdom, an' doesna understan' it, syne cometh the wicket ane, an' taketh awa that whilk was sawn in his hairt. This is he wha receivet seed by the road-side.

20 But he wha receivet the seed intil stany places, the same is he wha heareth the word, an' at ance wi' joy receiveth it:

21 Yet hathna he root in himsel, but bideth for a while; for whan tribulation or persecution riseth up because o' the word, belyve he is offendet.

22 He alsua wha receivet seed amang the thorns is he wha heareth the word; an' the care o' this warld, an'

the deceitfu'ness o' walth, choke the word, an' he becometh unfruitfu'.

23 But he wha receivet seed intil the guid grun' is he wha heareth the word, an' understan'eth it; wha alsua beareth fruit, an' bringeth furth, some ae hunderdfauld, some saxty, some thretty.

24 Anither parable pat he furth until them, sayin', The kingdom o' heaven is evenet until a man wha sawet guid seed in his field:

25 But while men sleepet, his enemy cam' an' sawet tares amang the wheat, an' gaed his gate.

26 But whan the braird was sprootet up, an' broucht furth fruit, than kythet the tares alsua.

27 Sae the servan's o' the househaulder cam' an' said until him, Sir, didstna thou saw guid seed in thy field? frae whare than hath it tares?

28 He said until them, An enemy hath dune this. The servan's said until him, Wilt thou than that we gae an' pu' them up?

29 But he said, Na; lest while ye pu' up the tares, ye root up also the wheat wi' them.

30 Let baith grow thegither till the hairst; an' in the time o' the hairst I will say til the shearers, Gather ye thegither first the tares, an' bin' them in

bunches to burn them: but gather the wheat intil my barn.

31 Anither parable pat he furth until them, sayin', The kingdom o' heaven is like til a grain o' mustartseed, whilk a man teuk an' sawet in his field;

32 Whilk truly is the sma'est o' a' seeds; but whan it is grown, it is the greatest amang herbs, an' becometh a tree, sae that the burds o' the air come an' ludge in the branches o't.

33 Anither parable spak' he until them: The kingdom o' heaven is like until barm whilk a woman teuk an' hid in three measures o' meal, till the hale was leavenet.

34 A' thae things spak' Jesus until the thrang in parables; an' withouten a parable spakna he until them:

35 That it micht be fulfillet whilk was spoken by the prophet, sayin', I will open my mouth in parables; I will utter things whilk hae been keepet secret frae the fundation o' the warld.

36 Syne Jesus sendet the thrang awa, an' gaed intil the house; an' his disciples cam' until him, sayin', Mak' plain until us the parable o' the tares o' the field.

37 He answer't an' said until them, He wha saweth the guid seed is the Son o' man;

38 The field is the warld; the guid seed are the chiider o' the kingdom; but the tares are the chiider o' the wicket ane;

39 The enemy that sawet them is the deevil; the hairst is the en' o' the warld; an' the shearers are the angels.

40 As therefore the tares are gather't an' brunt in the fire, sae sall it be in the en' o' this warld.

41 The Son o' man sall sen' furth his angels, an' they sall gather out o' his kingdom a' things that offen', an' thae wha do wrang;

42 An' sall cast them intil a kill o' fire; there sall be greetin' an' runchin' o' teeth.

43 Syne sall the richteous shine furth as the sun in the kingdom o' their Father. Wha hath ears to hear, let him hear.

44 Again, the kingdom o' heaven is like until treasure hidet in a field; the whilk whan a man hath fund, he hideth, an' for joy thereo' gaeth an' selleth a' that he hath, an' coffeth that field.

45 Again, the kingdom o' heaven is like until a merchantman seekin' guidly pearls:

46 Wha, whan he hath fund ae pearl o' great price, gaed an' sauld a' that he had, an' coft it.

CHAP. XIII.

47 Again, the kingdom o' heaven is like a net, that was coost intil the sea, an' gather't o' ilka kind:

48 Whilk whan it was fu', they drew til shore, an' sat doun an' gather't the guid intil creels, but coost the bad awa.

49 Sae sall it be at the en' o' the warld; the angels sall come furth, an' shed the wicket frae amang the just,

50 An' sall cast them intil the kill o' fire; there sall be greetin' an' runchin' o' teeth.

51 Jesus saith until them, Hae ye understood a' thae things? They say until him, Ay, Lord.

52 Syne said he until them, Therefore ilka scribe wha is instruckit until the kingdom o' heaven is like until a man that is a househaulder, wha bringeth furth out o' his treasure things new an' auld.

53 An' it cam' to pass that whan Jesus had finishet thae parables, he gaed awa frae that place.

54 An' whan he was come intil his ain kintra, he taucht them in their synagogue, insaemeikle that they were astonishet, an' said, Whance hath this man this wisdom an' thae michty warks?

55 Isna this the wricht's son? isna his mither ca'd Mary? an' his brithren James, an' Joses, an' Simon, an' Judas?

56 An' his sisters, arena they a' wi' us? Whance than hath this man a' thae things?

57 An' they were angry wi' him. But Jesus said until them, A prophet isna withouten honour, saufan' in his ain kintra an' in his ain house.

58 An' he didna mony michty warks there, because o' their no believin'.

Chap. XIV.

AT that time Herod the tetrarch hear't o' the fame o' Jesus,

2 An' said until his servan's, This is John the Baptist; he is risen frae the dead, an' therefore michty warks do shaw furth themsels in him.

3 For Herod had laid haud o' John, an' bund him, an' putten him in prison, for Herodias' sak', his brither Philip's wife.

4 For John said until him, It isna lawfu' for thee to hae her.

5 An' whan he wad hae putten him til death, he fear't the folk, because they haud him as a prophet.

6 But whan Herod's birthday was keepet, the dochter o' Herodias dancet afore them, an' pleaset Herod.

CHAP. XIV.

7 Whareupon he promiset, wi' an aith, to gie her whatsaever she wad ask.

8 An' she, bein' aforehan' instruckit o' her mither, said, Gie me here John Baptist's head in an aschet.

9 An' the king was sorry; natheless, for the aith's sak', an' thae wha sat at meat wi' him, he commaundet it to be gien her.

10 An' he sendet, an' cut aff John's head in the prison.

11 An' his head was broucht in an aschet, an' gien til the damsel; an' she broucht it til her mither.

12 An' his disciples cam', an' teuk up the body, an' buriet it, an' gaed an' tauld Jesus.

13 Whan Jesus hear't o' it, he gaed awa frae there by ship intil a muirland place, by himsel; an' whan the folk hear't thereo', they followet him on fit out o' the touns.

14 An' Jesus gaed furth, an' saw a great thrang, an' was movet wi' pity toward them, an' he healet thae wha were ill.

15 An' whan it was the gloamin' his disciples cam' til him, sayin', This is a muirland place, an' the time is now gane by; sen' the thrang awa, that they may gae intil the clachans, an' coff themsels victuals.

16 But Jesus said until them, They needna gang awa: gie ye them to eat.

17 An' they say until him, We hae here but five laives an' twa fishes.

18 He said, Bring them here til me.

19 An' he commaundet the thrang to sit doun on the gerse, an' teuk the five laives an' the twa fishes, an' leukin' up til heaven, he blesset, an' brak, an' gied the laives til his disciples, an' the disciples til the thrang.

20 An' they did a' eat, an' were satisfiet: an' they teuk up o' the orra bits whilk were left twal creels-fu'.

21 An' they that had eaten were about five thousan' men, forbye women an' bairns.

22 An' straughtway Jesus gar't his disciples get intil a ship, an' gae afore him until the tither side, while he sendet the thrang awa.

23 An' whan he had sendet the thrang awa, he gaed up intil a mountain by himsel to pray: and whan the gloamin' was come he was there alane.

24 But the ship was now in the middle o' the sea, tosset wi' waves; for the win' was contrair.

25 An' in the fourt' watch o' the nicht Jesus gaed until them, gangin' on the sea.

26 An' whan the disciples saw him gangin' on the

CHAP. XIV.

sea, they were fleyed, sayin', It is a wraith; an' they screighet out for fear.

27 But straughtway Jesus spak' until them, sayin', Be o' guid cheer; it is me; binna fleyed.

28 An' Peter answer't him, an' said, Lord, gin it be thou, bid me come until thee on the water.

29 An' he said, Come. An' whan Peter was come doun out o' the ship he gaed on the water to gang til Jesus.

30 But whan he saw the win' gousty, he was afear't, an', beginnin' to sink, he criet, sayin', Lord, saufe me.

31 An' at ance Jesus raught furth his han', an' teuk haud o' him, an' said until him, O thou o' little faith, wharefore didst thou doubt?

32 An' whan they were come intil the ship, the win' ceaset.

33 Syne they wha were in the ship cam' an' worshippet him, sayin', Verament thou art the Son o' God.

34 An' whan they were gane owre, they cam' until the lan' o' Gennesaret.

35 An' whan the men o' that place had kennin' o' him, they sendet out intil a' that kintra roun' about, an' broucht until him a' that were ailin';

36 An' besoucht him that they micht only touch the

hem o' his garment; an' as mony as touchet were made perfitely hale.

Chap. XV.

SYNE cam' til Jesus Scribes an' Pharisees, wha were o' Jerusalem, sayin',

2 Why do thy disciples break the tradition o' the elders? for they washna their han's whan they eat bread.

3 But he answer't, an' said until them, Why do ye alsua break the commaun'ment o' God by your tradition?

4 For God commaundet, sayin', Honour thy father an' mither; an', He that banneth father or mither, let him dee the death.

5 But ye say, Whasaever sall say til his father or his mither, It is a gift, by whatsaever thou michtest be profitet by me;

6 An' honourna his father or his mither, he sall be quits. Sae hae ye made the commaun'ment o' God o' nae effec' by your tradition.

7 Ye hypocrites! weel did Esaias prophesy o' you, sayin',

8 This people draweth near until me wi' their mouth,

an' honoureth me wi' their lips; but their hairt is far frae me.

9 But in vain do they worship me, teachin' for doctrines the commaun'ments o' men.

10 An' he ca'd the thrang, an' said until them, Hear an' understan':

11 It isna that whilk gaeth intil the mouth fyleth a man; but that whilk cometh out o' the mouth, that fyleth a man.

12 Syne cam' his disciples, an' said until him, Kennest thou that the Pharisees were offendet after they hear't this sayin'?

13 But he answer't an' said, Ilka plant whilk my heavenly Father hathna plantet sall be rootet up.

14 Let them alane; they are blin' leaders o' the blin'. An' gif the blin' lead the blin', baith sall fa' intil the sheugh.

15 Syne answer't Peter, an' said until him, Mak' plain until us this parable.

16 An' Jesus said, Are ye alsua yet withouten understan'in'?

17 Dinna ye yet understan' that whatsaever cometh in at the mouth gaeth intil the wame, an' is coost out intil the draucht?

18 But thae things whilk come out o' the mouth come furth frae the hairt; an' they fyle the man.

19 For out o' the hairt come bad thouchts, murders, adult'ries, furnications, thefts, fause witness, blasphemies:

20 Thae are the things whilk fyle a man; but to eat wi' unwashen han's fylethna a man.

21 Than Jesus quat that place, an' gaed intil the coasts o' Tyre an' Sidon.

22 An', behald, a woman o' Canaan cam' out o' the same coasts, an' criet until him, sayin', Hae mercy on me, O Lord, thou Son o' David; my dochter is sairly afflickit wi' a deevil.

23 But he didna answer her a word. An' his disciples cam' an' besoucht him, sayin', Sen' her awa; for she crieth after us.

24 But he answer't an' said, I'mna sendet but until the tint sheep o' the house o' Israel.

25 Syne cam' she an' worshippet him, sayin', Lord, help me!

26 But he answer't an' said, It isna fit to tak' the bairns' bread an' to cast it til dogs.

27 An' she said, Truth, Lord: yet the dogs eat o' the mulins whilk fa' frae their maisters' table.

28 Syne Jesus answer't an' said until her, O woman,

great is thy faith; be it until thee e'en as thou wilt. An' her dochter was made hale frae that vera hour.

29 An' Jesus gaed frae that place, an' cam' near until the sea o' Galilee, an' gaed up until a mountain, an' sat doun there.

30 An' a meikle thrang cam' until him, haein' wi' them thae wha were lame, blin', dumb, maimet, an' mony ithers, an' set them doun at Jesus' feet; an' he healet them.

31 Insaemeikle that the thrang wonder't, whan they saw the dumb to speak, the maimet to be hale, the lame to gang, an' the blin' to see: an' they glorifiet the God o' Israel.

32 Syne Jesus ca'd his disciples until him, an' said, I am wae for the thrang, because they hae stay't wi' me now three days, an' hae naething to eat; an' I winna sen' them awa fastin', lest they swarf by the road.

33 An' his disciples say until him, Whance sud we hae sae meikle bread in the wilderness as to fill sae meikle a thrang?

34 An' Jesus saith until them, How mony laives hae ye? An' they said, Seven, an' a wheen sma' fishes.

35 An' he commaundet the thrang to sit doun on the grun'.

36 An' he teuk the seven laives an' the fishes, an' gied thanks, an' brak' them, an' gied til his disciples, an' the disciples til the folk.

37 An' they did a' eat an' were fillet, an' they teuk up o' the orra bits whilk were left seven creels-fu'.

38 An' they wha did eat were four thousan' men, forbye women an' bairns.

39 An' he sendet awa the thrang, an' gaed intil a ship, an' cam' intil the coasts o' Magdala.

Chap. XVI.

THE Pharisees alsua wi' the Sadducees cam', an' temp'in' desiret him that he wad shaw them a sign frae heaven.

2 He answer't an' said until them, Whan it is the gloamin' ye say, It will be fair weather; for the lift is red:

3 An' in the mornin', It will be foul weather the day; for the lift is red an' lowrin'. O ye hypocrites! ye do shaw skill o' the face o' the lift; but canna ye shaw skill o' the signs o' the times?

4 A wicket an' adult'rous generation seeketh after a sign, an' there sall nae sign be gien until it, but the

sign o' the prophet Jonas. An' he quat them, an' gaed awa.

5 An' whan his disciples were come til the ither side, they had forgotten to tak' bread.

6 Syne Jesus said until them, Tak' tent, an' bewaure o' the barm o' the Pharisees an' o' the Sadducees.

7 An' they reasonet wi' themsels, sayin', It is because we hae taen nae bread.

8 Whilk whan Jesus perceivet he said until them, O ye o' little faith, why reason ye wi' yoursels, because ye hae broucht nae bread?

9 Dinna ye yet understan', neither min' the five laives o' the five thousan', an' how mony creels-fu' ye teuk up?

10 Neither the seven laives o' the four thousan', an' how mony creels-fu' ye teuk up?

11 How is it that ye dinna understan', that I spakna it til you anent bread, that ye sud bewaure o' the barm o' the Pharisees an' o' the Sadducees?

12 Syne understood they how that he badena them bewaure o' the barm o' bread, but o' the teachin' o' the Pharisees an' o' the Sadducees.

13 Whan Jesus cam' intil the coasts o' Cesarea

Philippi, he spier't at his disciples, sayin', Wha do men say that I the Son o' man am?

14 An' they said, Some say that thou art John the Baptist, some Elias, an' ithers Jeremias, or ane o' the prophets.

15 He saith until them, But wha say ye that I am?

16 An' Simon Peter answer't an' said, Thou art the Christ, the Son o' the livin' God.

17 An' Jesus answer't an' said until him, Blesset art thou, Simon-Barjona: for flesh an' bluid haena shawed this until thee, but my Father wha is in heaven.

18 An' I say alsua until thee, That thou art Peter; an' upon this rock I will big my kirk; an' the yetts o' hell sallna prevail agayne it.

19 An' I will gie until thee the keys o' the kingdom o' heaven; an' whatsaever thou sallt bin' on yirth sall be bund in heaven, an' whatsaever thou sallt lowse on yirth sall be lowset in heaven.

20 Syne charget he his disciples that they sud tell nae man that he was Jesus the Christ.

21 Frae that time furth begoude Jesus to shaw until his disciples how that he maun gang until Jerusalem, an' thole mony things o' the elders, an' chief priests, an'

CHAP. XVI.

scribes, an' be killet, an' be raiset again the third day.

22 Syne Peter teuk him aside, an' begoude to rebuke him, sayin', Be it far frae thee, Lord; this sallna be until thee.

23 But he turnet an' said until Peter, Get thee behint me, Satan, thou art an offence until me; for thou dostna savour the things that be o' God, but thae that be o' men.

24 Syne said Jesus until his disciples, Gin ony man will come after me, let him deny himsel, an' tak' up his cross, an' follow me.

25 For whasaever will saufe his life sall tine it; an' whasaever will tine his life for my sak' sall fin' it.

26 For what is a man profitet, gif he sall gain the hale warld, an' tine his ain saul? or what sall a man gie in trock for his saul?

27 For the Son o' man sall come in the glory o' his Father wi' his angels; an' than he sall reward ilka man accordin' til his warks.

28 Verily I say unto you, There are some stan'in' here wha sallna prie o' death till they see the Son o' man comin' in his kingdom.

F

Chap. XVII.

AN' after sax days Jesus taketh Peter, James, an' John his brither, an' bringeth them up intil a high mountain alane.

2 An' he was transfiguret afore them; an' his face did shine as the sun, an' his claes were white as the licht:

3 An', behald, there kythet until them Moses an' Elias talkin' wi' him.

4 Syne quo' Peter until Jesus, Lord, it is guid for us to be here; gif thou wilt, let us mak' here three tabernacles; ane for thee, an' ane for Moses, an' ane for Elias.

5 While he yet spak', behald, a bricht clud owreshadowet them: an', behald, a voice out o' the clud, whilk said, This is my belovet Son, in wham I am weel pleaset: hear ye him.

6 An' whan the disciples hear't it, they fell on their face, an' were sair fleyed.

7 An' Jesus cam' an' touchet them, an' said, Rise up, an' binna fleyed.

8 An' whan they had liftet up their een they saw nae man saufan' Jesus alane.

CHAP. XVII.

9 An' as they cam' doun frae the mountain, Jesus charget them, sayin', Tell the vision to nae man, till the Son o' man be risen frae the dead.

10 An' his disciples spier't at him, sayin', How than say the scribes that Elias maun first come?

11 An' Jesus answer't an' said until them, Elias truly sall first come, an' mak' guid a' things.

12 But I say until you, that Elias is come a'ready, an' they didna ken him, but hae dune until him whatsaever they listet. Likewaise sall alsua the Son o' man thole o' them.

13 Syne his disciples kent that he spak' until them o' John the Baptist.

14 An' whan they were come til the thrang there cam' til him a certain man, kneelin' doun til him, an' sayin',

15 Lord, hae pity on my son; for he is lunatic, an' sair afflickit; for afttimes he fa'eth intil the fire, an' aft intil the water.

16 An' I broucht him til thy disciples, an' they cudna cure him.

17 Syne Jesus answer't an' said, O faithless an' thrawart generation, how lang sall I be wi' you? how lang sall I thole you? Bring him here til me.

18 An' Jesus rebuket the deevil; an' he gaed out o' him: an' the bairn was curet frae that vera hour.

19 Syne cam' the disciples til Jesus by themsels, an' said, Why cudna we cast him out?

20 An' Jesus said until them, Because o' your unbelief: for verily I say unto you, Gin ye hae faith as a grain o' mustart-seed, ye sall say until this mountain, Remove thance til yon place, an' it sall remove; an' naething sall be impossible until you.

21 Howbeit this kind dothna gae out but by prayer an' fastin'.

22 An' while they dwalt in Galilee, Jesus said until them, The Son o' man sall be betrayet intil the han's o' men:

23 An' they sall kill him, an' the third day he sall be raiset again. An' they were sair forfairn.

24 An' whan they were come til Capernaum, they that teuk stent cam' til Peter, an' said, Dothna your maister pay stent?

25 He saith, Ay. An' whan he was come intil the house, Jesus, aforehan' wi' him, said, What thinkest thou, Simon? o' wham do the kings o' the yirth tak' stent? o' their ain childer or o' strangers?

26 Peter saith until him, O' strangers. Jesus saith until him, Syne are the childer free.

27 Natheless, lest we sud offen' them, gang thou til the sea, an' cast a heuk, an' tak' up the fish that first cometh up; an' whan thou hast openet its mouth, thou sallt fin' a bit o' money: that tak', an' gie until them for me an' thee.

Chap. XVIII.

AT the same time cam' the disciples until Jesus, sayin', Wha is the greatest in the kingdom o' heaven?

2 An' Jesus ca'd a wee bairn until him, an' set him in the middle o' them,

3 An' said, Verily I say unto you, Excep' ye be convertet, an' become as wee bairns, ye sallna enter intil the kingdom o' heaven.

4 Whasaever therefore sall hum'le himsel as this wee bairn, the same is greatest in the kingdom o' heaven.

5 An' whasae sall receive siccan a wee bairn in my name receiveth me.

6 But whasae sall offen' ane o' thae wee anes wha believe in me, it were better for him that a millstane were hanget about his neck, an' that he were drounet in the deep o' the sea.

7 Wae until the world because o' offences! for it maun needs be that offences come: but wae til that man by wham the offence cometh!

8 Wharefore gif thy han' or thy fit offen' thee, cut them aff, an' cast them frae thee: it is better for thee to gae intil life halt or maimet, rather nor haein' twa han's or twa feet to be coost intil everlastin' fire.

9 An' gif thine ee offen' thee, pike it out, an' cast it frae thee: it is better for thee to gae intil life wi' ae ee, rather nor haein' twa een to be coost intil hell-fire.

10 Tak' tent that ye dinna despise ane o' thae wee anes: for I say until you, That in heaven their angels do aye see the face o' my Father wha is in heaven.

11 For the Son o' man is come to saufe that whilk was tint.

12 How think ye? gin a man hae an hunderd sheep, an' ane o' them be gane astray, dothna he leave the ninety an' nine, an' gangeth awa til the mountains, an' seeketh that whilk is gane astray?

13 An' gif sae be that he fin' it, verily I say until you, he rejoiceth mair o' that sheep nor o' the ninety an' nine that didna gae astray.

14 E'en sae it isna the will o' your Father wha is in heaven that ane o' thae wee anes sud perish.

CHAP. XVIII.

15 Mairowre, gif thy brither do aucht agayne thee, gae an' tell him his faut atween him an' thee alane: gif he sall hear thee, thou hast gainet thy brither.

16 But gif he winna hear thee, syne tak' wi' thee ane or twa mair, that in the mouth o' twa or three witnesses ilka word may be sickerly made to stan' guid.

17 An' gif he sall neglec' to hear them, tell it til the kirk: but gif he neglec' to hear the kirk, let him be until thee as a heathen man an' a publican.

18 Verily I say unto you, Whatsaever ye sall bin' on yirth sall be bund in heaven; an' whatsaever ye sall lowse on yirth sall be lowset in heaven.

19 Again I say until you, That gif twa o' you sall agree on yirth as touchin' ony thing that they sall ask, it sall be dune for them o' my Father wha is in heaven.

20 For whare twa or three are gather't thegither in my name, there am I in the middle o' them.

21 Than cam' Peter til him, an' said, Lord, how aft sall my brither sin agayne me, an' I forgie him? till seven times?

22 Jesus saith until him, I dinna say until thee, Till seven times; but, Till seventy times seven.

23 Therefore is the kingdom o' heaven evenet until a certain king wha wad count wi' his servan's.

24 An' whan he had begoude to count, ane was broucht until him wha awet him ten thousan' talents.

25 But forasmeikle as he hadna to pay, his lord commaundet him to be sauld, an' his wife an' bairns, an' a' that he had, an' payment to be made.

26 The servan' therefore fell doun, an' worshippet him, sayin', Lord, hae patience wi' me, an' I will pay thee a'.

27 Syne the lord o' that servan' was movet wi' pity, an' lowset him, an' forgied him the debt.

28 But the same servan' gaed out, an' fand ane o' his fallow-servan's wha awet him a hunderd pence: an' he laid han's on him, an' teuk him by the hals, sayin', Pay me that thou awest.

29 An' his fallow-servan' fell doun at his feet, an' besoucht him, sayin', Hae patience wi' me, an' I will pay thee a'.

30 An' he wadna, but gaed an' coost him intil prison, till he sud pay the debt.

31 Sae whan his fallow-servan's saw what was dune, they were sair forfairn, an' cam' an' tauld their lord a' that was dune.

32 Syne his lord, after that he had ca'd him, said

until him, O thou wicket servan', I forgied thee a' that debt because thou desiredst me:

33 Sudstna thou alsua hae had pity on thy fallow-servan', e'en as I had pity on thee?

34 An' his lord was sair anger't, an' deliver't him til the tormentors till he sud pay a' that was due until him.

35 Sae likewaise sall my heavenly Father do alsua until you, gin ye from your hairts dinna forgie ilka ane his brither their offences.

Chap. XIX.

AN' it cam' to pass that whan Jesus had made an en' o' thae sayin's, he gaed awa frae Galilee, an' cam' intil the marches o' Judea ayont Jordan;

2 An' mony folk followet him; an' he healet them there.

3 The Pharisees alsua cam' until him, temp'ing him, an' sayin' until him, Is it lawfu' for a man to pit awa his wife for ilka cause?

4 An' he answer't an' said until them, Haena ye read, that he wha made them at the beginnin' made them male an' female,

5 An' said, For this cause sall a man leave father

an' mither, an' sall cleave til his wife, an' they twa sall be ae flesh?

6 Wharefore they are nae mair twa, but ae flesh. What therefore God hath joinet thegither, let nae man pit asinder.

7 They say until him, Why did Moses than commaun' us to gie a writin' o' divorcement, an' to pit her awa?

8 He saith until them, Moses, because o' the hardness o' your hairts, let you pit awa your wives; but frae the beginnin' it wasna sae.

9 An' I say until you, Whasaever sall pit awa his wife, excep' it be for furnication, an' sall marry anither, committeth adult'ry, an' whasae marrieth her wha is putten awa committeth adult'ry.

10 His disciples say until him, Gif the case o' the man be sae wi' his wife, it isna guid to marry.

11 But he said until them, A' men canna receive this sayin', saufan' they til wham it is gien.

12 For there are some eunuchs, wha were sae born frae their mithers' womb; an' there are some eunuchs, wha were made eunuchs o' men; an' there are eunuchs, wha hae made themsels eunuchs for the kingdom o' heaven's sak'. He wha is able to receive it, let him receive it.

CHAP. XIX.

13 Syne were broucht until him wee bairns, that he sud pit his han's on them, an' pray; an' the disciples rebuket them.

14 But Jesus said, Let the wee bairns come until me, an' dinna forbid them; for o' sic is the kingdom o' heaven.

15 An' he laid his han's on them, an' gaed awa frae that place.

16 An', behald, ane cam' an' said until him, Guid Maister, what guid thing sall I do, that I may hae eternal life?

17 An' he said until him, How ca'est thou me guid? There is nane guid but ane, that is God: but gif thou wilt gae intil life, keep the commaun'ments.

18 He saith until him, Whilk? Jesus said, Thou sallt do nae murder, Thou salltna commit adult'ry, Thou salltna steal, Thou salltna bear fause witness,

19 Honour thy father an' thy mither; an', Thou sallt loe thy neibor as thyself.

20 The young man saith until him, A' thae things hae I keepet frae my youdith up: what lack I yet?

21 Jesus said until him, Gif thou wilt be perfite, gae an' sell a' that thou hast, an' gie til the puir, an' thou sallt hae rowth o' guids in heaven; an' come an' follow me.

22 But whan the young man hear't that sayin', he gaed awa sair coost doun; for he had meikle gear.

23 Syne said Jesus until his disciples, Verily I say unto you, that a bien man sall hardly gae intil the kingdom o' heaven.

24 An' again I say until you, It is easier for a camel to gae through the ee o' a needle, nor for a bien man to gae intil the kingdom o' God.

25 Whan his disciples hear't it, they were meikle amazet, sayin', Wha than can be saufet?

26 But Jesus leuket on them, an' said until them, Wi' men this is no possible; but wi' God a' things are possible.

27 Syne answer't Peter, an' said until him, Behald, we hae forleet a' an' followet thee: what sall we hae therefore?

28 An' Jesus said until them, Verily I say unto you, That ye wha hae followet me, in the regeneration whan the Son o' man sall sit on the throne o' his glory, ye alsua sall sit upon twal thrones, judgin' the twal tribes o' Israel.

29 An' ilka ane wha hath forleet houses, or brithren, or sisters, or father, or mither, or wife, or bairns, or lan's,

for my name's sak', sall hae an hunderd-fauld, an' sall inherit everlastin' life.

30 But mony wha are first sall be last; an' the last sall be first.

Chap. XX.

FOR the kingdom o' heaven is like until a man that is a househaulder, wha gaed out soon in the mornin' to fee laborers intil his wineyard.

2 An' whan he had 'gree't wi' the laborers for a penny a day, he sendet them intil his wineyard.

3 An' he gaed out about the third hour, an' saw ithers stan'in' idle in the market-place,

4 An' he said until them, Gae ye alsua intil the wineyard; an' whatsaever is richt, I will gie you. An' they gaed their gate.

5 Again he gaed out about the saxt' an' nint' hour, an' did likewaise.

6 An' about the elevent' hour he gaed out, an' fand ithers stan'in' idle, an' saith until them, Why stan' ye here a' day idle?

7 They say until him, Because nae man hath fee'd us. He saith until them, Gae ye alsua intil the wineyard; an' whatsaever is richt, that sall ye hae.

8 Sae whan the gloamin' was come, the lord o' the wineyard saith until his grieve, Ca' the laborers, an' gie them their wage, beginnin' frae the last until the first.

9 An' whan they cam' wha were fee'd about the elevent' hour, they gat ilka man a penny.

10 But whan the first cam', they thoucht that they sud hae gotten mair; an' they likewaise were pay't ilka man a penny.

11 An' whan they had receivet it they grounget agayne the guidman o' the house,

12 Sayin', Thae last hae wroucht but ae hour, an' thou hast made them eyne wi' us wha hae borne the burden an' heat o' the day.

13 But he answer't ane o' them, an' said, Frien', I do thee nae wrang; didstna thou 'gree wi' me for a penny?

14 Tak' that whilk is thine, an' gae thy gate: I will gie until this last e'en as until thee.

15 Isna it lawfu' for me to do what I will wi' mine ain? Is thine ee evil, because I am guid?

16 Sae the last sall be first, an' the first last; for mony are ca'd, but few are wal'd.

17 An' Jesus gaein' up til Jerusalem teuk the twal disciples aside in the road, an' said until them,

18 Behald, we gae up til Jerusalem; an' the Son o'

man sall be betrayet until the chief priests an' until the scribes, an' they sall condemn him til death,

19 An' sall gie him til the Gentiles to mock, an' to scourge, an' to crucify him; an' the third day he sall rise again.

20 Than cam' til him the mither o' Zebedee's childer wi' her sons, worshippin' him, an' desirin' a certain thing o' him.

21 An' he said until her, What wilt thou? She saith until him, Grant that thae my twa sons may sit, the ane on thy richt han', an' the tither on thy left, in thy kingdom.

22 But Jesus answer't an' said, Ye dinna ken what ye ask. Are ye able to drink o' the tass whilk I sall drink o', an' to be baptizet wi' the baptism whilk I am baptizet wi'? They say until him, We are able.

23 An' he saith until them, Ye sall indeed drink o' my tass, an' be baptizet wi' the baptism whilk I am baptizet wi'; but to sit on my richt han', an' on my left, isna mine to gie, but it sall be gien til thae for wham it is preparet o' my Father.

24 An' whan the ten hear't it, they were movet wi' anger agayne the twa brithren.

25 But Jesus ca'd them until him an' said, Ye ken

that the princes o' the Gentiles hae lordship owre them, an' they wha are great hae power owre them.

26 But it sallna be sae amang you; but whasaever will be great amang you, let him be your minister;

27 An' whasaever will be chief amang you, let him be your servan':

28 E'en as the Son o' man cam'na to be minister't until, but to minister, an' to gie his life a ransom for mony.

29 An' as they gaed awa frae Jericho, a meikle thrang followet him.

30 An', behald, twa blin' men sittin' by the roadside, whan they hear't that Jesus passet by, criet out, sayin', Hae pity on us, O Lord, thou Son o' David!

31 An' the thrang charget them that they sud haud their tongue; but they criet the mair, sayin', Hae pity on us, O Lord, thou Son o' David!

32 An' Jesus stood still, an' ca'd them, an' said, What will ye that I sud do until you?

33 They say until him, Lord, that our een may be openet.

34 Sae Jesus had pity on them, an' touchet their een, an' straughtway their een gat sicht, an' they followet him.

Chap. XXI.

AN' whan they drew near until Jerusalem, an' were come til Bethphage, until the Mount o' Olives, syne sendet Jesus twa disciples,

2 Sayin' until them, Gang intil the clachan fornent you, an' straughtway ye sall fin' an ass tether't, an' a cowt wi' her: lowse them, an' bring them until me.

3 An' gin ony man say aucht until you, ye sall say, The Lord hath need o' them, an' straughtway he will sen' them.

4 (A' this was dune that it micht be fulfillet whilk was spoken by the prophet, sayin',

5 Tell ye the dochter o' Zion, Behald, thy King cometh until thee, meek, an' sittin' upon an ass, an' a cowt the foal o' an ass.)

6 An' the disciples gaed, an' did as Jesus commaundet them,

7 An' broucht the ass an' the cowt, an' pat on them their claes, an' they set him thereon.

8 An' an unco meikle thrang spread their garments in the road; ithers cut doun branches frae the trees, an' strawet them in the road.

9 An' the folk wha gaed afore an' wha followet, criet, sayin', Hosanna til the Son o' David! Blesset is he wha cometh in the name o' the Lord; Hosanna in the highest!

10 An' whan he was come intil Jerusalem, a' the city was movet, sayin', Wha is this?

11 An' a' the folk said, This is Jesus, the prophet o' Nazareth o' Galilee.

12 An' Jesus gaed intil the temple o' God, an' coost out a' them wha sauld an' coft in the temple, an' cowpit the tables o' the money-nifferers, an' the settles o' thae wha sauld doos;

13 An' said until them, It is written, My house sall be ca'd the house o' prayer; but ye hae made it a howff o' rievers.

14 An' the blin' an' the lame cam' til him in the temple; an' he healet them.

15 An' whan the chief priests an' scribes saw the wonderfu' things that he did, an' the bairns cryin' in the temple, an' sayin', Hosanna til the Son o' David! they were sair anger't,

16 An' said until him, Hearest thou what thae say? An' Jesus saith until them, Ay; hae ye never read, Out o' the mouth o' bairns an' sucklin's thou hast perfitet praise?

17 An' he quat them, an' gaed out o' the city intil Bethany; an' he ludget there.

18 Now in the mornin', as he cam' back again intil the city, he hunger't;

19 An' whan he saw a feg-tree in the road, he cam' til it, an' fand naething thereon but leaves alane, an' said until it, Let nae fruit grow on thee hanceforrard for ever. An' at ance the feg-tree wither't awa.

20 An' whan the disciples saw it, they wonder't, sayin', How soon is the feg-tree wither't awa!

21 Jesus answer't an' said until them, Verily I say unto you, gin ye hae faith, an' dinna doubt, ye sallna only do this whilk is dune til the feg-tree, but alsua gin ye sall say until this mountain, Be thou removet, an' be thou coost intil the sea, it sall be dune.

22 An' a' things whatsaever ye sall ask in prayer, believin' ye sall get.

23 An' whan he was come intil the temple, the chief priests an' the elders o' the people cam' until him as he was teachin', an' said, By what richt doest thou thae things? an' wha gied thee this richt?

24 An' Jesus answer't an' said until them, I alsua will ask you ae thing whilk gin ye tell me, I likewise will tell you by what richt I do thae things.

25 The baptism o' John, whance was it? frae heaven, or o' men? An' they reasonet wi' themsels, sayin', Gif we sall say, Frae heaven, he will say until us, Why didna ye than believe him?

26 But gif we sall say, O' men; we fear the folk; for a' haud John as a prophet.

27 An' they answer't Jesus an' said, We canna tell. An' he said until them, Neither tell I you by what richt I do thae things.

28 But what think ye? A certain man had twa sons; an' he cam' til the first, an' said, Son, gae wark the day in my wineyard.

29 He answer't an' said, I winna; but afterward he rewet, an' gaed.

30 An' he cam' til the second, an' said likewaise. An' he answer't an' said, I gae, sir; an' gaedna.

31 Whilk o' thae twa did the will o' his father? They say until him, The first. Jesus saith until them, Verily I say unto you, that the publicans an' harlots gae intil the kingdom o' God afore you.

32 For John cam' until you in the way o' richteousness, an' ye didna believe him; but the publicans an' harlots believet him; an' ye, whan ye had seen it, didna repent afterward, that ye micht believe him.

CHAP. XXI.

33 Hear anither parable: There was a certain househaulder wha plantet a wineyard, an' hedget it roun' about, an' howket a winepress in it, an' bigget a tower, an' let it out til husban'men, an' gaed intil a far kintra.

34 An' whan the time o' the fruit drew near, he sendet his servan's til the husban'men, that they micht get the fruits o' it.

35 An' the husban'men teuk his servan's, an' nevellet ane, an' killet anither, an' stanet anither.

36 Again, he sendet ither servan's mair nor the first; an' they did until them likewaise.

37 But last o' a' he sendet until them his son, sayin', They will respec' my son.

38 But whan the husban'men saw the son, they said amang themsels, This is the heir; come, let us kill him, an' let us seize on his heirskip.

39 An' they grippet him, an' coost him out o' the wineyard, an' killet him.

40 Whan the lord therefore o' the wineyard cometh, what will he do to thae husban'men?

41 They say until him, He will miserably destroy thae wicket men, an' will set out his wineyard until ither husban'men, wha sall gie him the fruits in their seasons.

42 Jesus saith until them, Did ye never read in the Scriptures, The stane whilk the biggers rejeckit, the same is become the capstane o' the neuk: this is the Lord's doin', an' it is wonderfu' in our een?

43 Therefore say I until you, The kingdom o' God sall be taen frae you, an' gien til a nation bringin' furth the fruits thereo'.

44 An' whasaever sall fa' on this stane sall be smashet: but on whamsaever it sall fa', it will grin' him til powther.

45 An' whan the chief priests an' Pharisees had hear't his parables, they cud see that he spak' o' them.

46 But whan they soucht to lay han's on him, they fear't the folk, because they teuk him for a prophet.

Chap. XXII.

AN' Jesus answer't an' spak' until them again in parables, an' said,

2 The kingdom o' heaven is like until a certain king, wha made a bridal for his son,

3 An' sendet furth his servan's to ca' them wha were bidden til the waddin'; and they wadna come.

4 Again, he sendet furth ither servan's, sayin', Tell thae wha are bidden, Behald, I hae preparet my dinner;

my owsen an' my fatlin's are killet, an' a' things are ready: come until the bridal.

5 But they made licht o't, an' gaed their gates, ane til his mailen, anither til his merchandice,

6 An' the lave teuk his servan's, an' treated them spitefully, an' killet them.

7 But whan the king hear't o't, he was wrathfu'; an' he sendet furth his sodgers, an' destroyet thae murderers, an' brunt up their toun.

8 Syne saith he til his servan's, The waddin' is ready, but they wha were bidden werena wordy.

9 Gang ye therefore intil the highways, an' as mony as ye sall fin', bid them til the feast.

10 Sae thae servan's gaed out intil the highways, an' gather't thegither a' as mony as they fand, baith bad an' guid: an' the waddin' was bodin wi' guests.

11 An' whan the king cam' in to see the guests, he saw there a man wha hadna on a waddin' garment.

12 An' he saith until him, Frien', how camest thou in here no haein' on a waddin' garment? An' he was dumbfoun'er't.

13 Syne said the king til the servan's, Bin' him han' an' fit, an' tak' him awa, an' cast him intil outer mirkness: there sall be greetin' an' runchin' o' teeth.

14 For mony are ca'd, but few are wal'd.

15 Than gaed the Pharisees, an' teuk rede how they micht fickle him in his talk.

16 An' they sendet out until him their disciples wi' the Herodians, sayin', Maister, we ken that thou art true, an' teachest the way o' God in truth, neither carest thou for ony man: for thou regardestna the person o' men.

17 Tell us therefore, What thinkest thou? Is it lawfu' to gie stent until Cæsar, or no?

18 But Jesus perceivet their wicketness, an' said, Why temp' ye me, ye hypocrites?

19 Shaw me the stent-money. An' they broucht until him a penny.

20 An' he saith until them, Whase is this image an' the writin' aboon?

21 They say until him, Cæsar's. Syne saith he until them, Gie therefore until Cæsar the things whilk are Cæsar's, an' until God the things whilk are God's.

22 Whan they had hear't thae words, they wonder't, an' quat him, an' gaed their gate.

23 The same day cam' til him the Sadducees, wha say that there is nae resurrection, an' spier't at him,

24 Sayin', Maister, Moses said, Gin a man dee, haein'

CHAP. XXII.

nae bairns, his brither sall marry his wife, an' raise up bairns until his brither.

25 Now there were wi' us seven brithren; an' the first, whan he had marriet a wife, deed, an' haein' nae affspring left his wife until his brither;

26 Likewaise the second alsua, an' the third, until the sevent'.

27 An' last o' a' the woman deed alsua.

28 Therefore in the resurrection whase wife sall she be o' the seven, for they a' had her?

29 Jesus answer't an' said until them, Ye do mistak', no kennin' the Scriptures, nar the power o' God.

30 For in the resurrection they neither marry, nar are gien in marriage, but are as the angels o' God in heaven.

31 But as touchin' the resurrection o' the dead, hae ye na read that whilk was spoken until you by God, sayin',

32 I am the God o' Abraham, an' the God o' Isaac, an' the God o' Jacob? God isna the God o' the dead, but o' the livin'.

33 An' whan the thrang hear't this they were astonishet at his doctrine.

34 But whan the Pharisees had hear't that he had putten the Sadducees til silence, they were gather't thegither.

35 Syne ane o' them, wha was a lawyer, spier't at him a question, temp'in' him, an' sayin',

36 Maister, whilk is the great commaun'ment in the law?

37 Jesus said until him, Thou sallt loe the Lord thy God wi' a' thy hairt, an' wi' a' thy saul, an' wi' a' thy min':

38 This is the first an' great commaun'ment.

39 An' the second is like until it, Thou sallt loe thy neibor as thysel.

40 On thae twa commaun'ments hing a' the law an' the prophets.

41 While the Pharisees were gather't thegither, Jesus spier't at them,

42 Sayin', What think ye o' Christ? Whase son is he? They say until him, The son o' David.

43 He saith until them, How than doth David in spirit ca' him Lord, sayin',

44 The Lord said until my Lord, Sit thou on my richt han', till I mak' thine enemies thy fitstule?

45 Gif David than ca' him Lord, how is he his son?

46 An' nae man was able to answer him a word, neither daur't ony man frae that day furth spier at him ony mair questions.

Chap. XXIII.

THAN spak' Jesus til the thrang an' til his disciples,

2 Sayin', The scribes an' the Pharisees sit in Moses' room:

3 A' therefore whatsaever they bid you tak' tent o', that tak' tent o' an' do: but dinna ye after their warks; for they say, an' dinna.

4 For they bin' heavy burdens an' grievous to be borne, an' lay them on men's shouthers; but they themsels winna move them wi' ane o' their fingers.

5 But a' their warks they do to be seen o' men: they mak' braid their phylacteries, an' widen the borders o' their garments,

6 An' loe the foremaist places at feasts, an' the chief settles in the synagogues,

7 An' accoustin's in the markets, an' to be ca'd o' men, Rabbi, Rabbi.

8 But binna ye ca'd Rabbi: for ane is your Maister, e'en Christ; an' a' ye are brithren.

9 An' ca' nae man your father upon yirth: for ane is your Father, wha is in heaven.

10 Binna ye be ca'd maisters: for ane is your Maister, e'en Christ.

11 But he wha is greatest amang you sall be your servan'.

12 An' whasaever sall lift up himsel sall be coost doun; an' he wha sall hum'le himsel sall be liftet up.

13 But wae until you, scribes an' Pharisees, hypocrites! for ye steek the kingdom o' heaven agayne men: for ye neither gae in yoursels, neither let ye them wha are enterin' gae in.

14 Wae until you, scribes an' Pharisees, hypocrites! for ye devour widows' houses, an' for a pretence mak' lang prayers; therefore ye sall hae the mair damnation.

15 Wae until you, scribes an' Pharisees, hypocrites! for ye compass sea an' lan' to mak' a convert; an' whan he is made, ye mak' him twafauld mair the child o' hell nor yoursels.

16 Wae until you, ye blin' guides, wha say, Whasa-

ever sall sweer by the temple, it is naething; but whasaever sall sweer by the gowd o' the temple, he is bund by his aith!

17 Ye fules an' blin'; for whilk is greater, the gowd or the temple whilk sanctifieth the gowd?

18 An', Whasaever sall sweer by the altar, it is naething; but whasaever sweereth by the gift whilk is upon it, he is bund by his aith.

19 Ye fules an' blin': for whilk is greater, the gift or the altar whilk sanctifieth the gift?

20 Whasae therefore sall sweer by the altar, sweereth by it, an' a' things thereon.

21 An' he wha sall sweer by the temple, sweereth by it, an' by him wha dwalleth therein.

22 An' he wha sall sweer by heaven sweereth by the throne o' God, an' by him wha sitteth thereon.

23 Wae until you, scribes an' Pharisees, hypocrites! for ye pay tithe o' mint, an' anise, an' cummin, an' hae left out the weichtier matters o' the law, judgment, mercy, an' faith: thae sud ye hae dune, an' no to leave the tither undune.

24 Ye blin' guides, wha strain at a gnat, an' swallow a camel.

25 Wae until you, scribes an' Pharisees, hypocrites!

for ye mak' clean the outside o' the tass an' o' the aschet, but within they are fu' o' extortion an' excess.

26 Thou blin' Pharisee, mak' clean first that whilk is within the tass an' aschet, that the outside o' them may be clean alsua.

27 Wae until you, scribes an' Pharisees, hypocrites! for ye are like until whitet sepulchres, whilk truly kythe bonnie outside, but are within fu' o' dead men's banes, an' a' uncleanness.

28 E'en sae ye outwardly kythe richteous until men, but within ye are fu' o' hypocrisy an' iniquity.

29 Wae until you, scribes an' Pharisees, hypocrites! because ye big the tombs o' the prophets, an' busk the sepulchres o' the richteous,

30 An' say, Gin we had been in the days o' our fathers, we wadna hae been partakers wi' them in the bluid o' the prophets.

31 Wharefore ye be witnesses until yoursels that ye are the childer o' thae wha killet the prophets.

32 Fill ye up than the measure o' your fathers.

33 Ye serpents, ye affspring o' vipers, how can ye escape the damnation o' hell?

34 Wharefore, behald, I sen' until you prophets, an' wise men, an' scribes: an' some o' them ye sall kill an'

crucify, an' some o' them sall ye scourge in your synagogues, an' persecute frae toun til toun.

35 That upon you may come a' the richteous bluid shed upon the yirth, frae the bluid o' richteous Abel until the bluid o' Zacharias, son o' Barachias, wham ye killet atween the temple an' the altar.

36 Verily I say unto you, A' thae things sall come upon this generation.

37 O Jerusalem, Jerusalem, thou wha killest the prophets, an' stanest thae wha are sendet until thee, how aften wad I hae gather't thy childer thegither, e'en as a hen gathereth her chickens anunder her wings, an' ye wadna?

38 Behald, your house is left until you waste.

39 For I say until you, Ye sallna see me hancefurth, till ye sall say, Blesset is he wha cometh in the name o' the Lord.

Chap. XXIV.

AN' Jesus gaed out o' an' awa frae the temple: an' his disciples cam' til him to shaw him the biggins o' the temple;

2 An' Jesus said until them, Dinna ye see a' thae

things? Verily I say unto you, There sallna be left here ae stane upon anither that sallna be coost doun.

3 An' as he sat upon the mount o' Olives, the disciples cam' until him by themsels, sayin', Tell us whan sall thae things be? an' what sall be the token o' thy comin', an' the en' o' the warld?

4 An' Jesus answer't, an' said until them, Tak' tent that nae man begowk you.

5 For mony sall come in my name, sayin', I am Christ, an' sall begowk mony.

6 An' ye sall hear o' wars an' rumours o' wars: see that ye binna foughten; for a' thae things maun come to pass, but the en' isna yet.

7 For nation sall rise agayne nation, an' kingdom agayne kingdom; an' there sall be famines, an' pestilences, an' yirthquakes, in sindry places.

8 A' thae are the beginnin' o' sorrows.

9 Syne sall they gie you up to be afflickit, an' sall kill you; an' ye sall be hatet o' a' nations for my name's sak':

10 An' syne mony sall be offendet, an' sall betray ane anither, an' sall hate ane anither.

11 An' mony fause prophets sall rise up, an' sall begowk mony.

12 An' because iniquity sall be rowth, the love o' mony sall grow cauld.

13 But he wha sall stan' out until the en', the same sall be saufet.

14 An' this gospel o' the kingdom sall be preachet in a' the warld for a witness until a' nations: an' syne sall the en' come.

15 Whan therefore ye sall see the abomination o' desolation, spoken o' by Daniel the prophet, stan'-in' in the haly place (whasae readeth, let him understan'),

16 Syne let them wha are in Judea flee til the hills.

17 Let him wha is on the riggin comena doun to tak' ony thing out o' his house.

18 Neither let him wha is in the field come back to tak' his claes.

19 An' wae until thae wha are wi' bairn, an' thae wha gie suck in thae days!

20 But pray ye that your flicht binna in the winter, nar on the Sabbath-day.

21 For syne sall be meikle dool, sic as hathna been sin' the beginnin' o' the warld till now, no, nar ever sall be.

22 An' excep' thae days sud be shortenet there sud

nae flesh be saufet; but for the sak' o' the elec' thae days sall be shortenet.

23 Syne, gin ony man sall say until you, Behald, here is Christ, or there, dinna believe him.

24 For there sall rise up fause Christs an' fause prophets, an' sall shaw great signs and wonders, insaemeikle that, gin it were possible, they sall begowk the vera elec'.

25 Behald, I hae tauld you afore.

26 Wharefore gif they say til you, Behald, he is in the muirland; gaena furth: behald, he is in the secret chammers, dinna believe it.

27 For as the levin cometh out o' the east, an' shineth e'en until the wast, sae sall alsua the comin' o' the Son o' man be.

28 For wharesaever the body is, there will the aigles be gather't thegither.

29 Straughtway after the dool o' thae days sall the sun be darkenet, an' the moon sallna gie her licht, an' the stars sall fa' frae the lift, an' the powers o' the heavens sall be shaken:

30 An' syne sall kythe the sign o' the Son o' man in the lift; an' syne sall a' the nations o' the yirth murn, an' they sall see the Son o' man comin' in the cluds o' the lift wi' power an' meikle glory:

CHAP. XXIV.

31 An' he sall sen' his angels wi' a great soun' o' a trumpet, an' they sall gather thegither his elec' frae the four win's, frae ae en' o' the lift til the tither.

32 Now learn a parable o' the feg-tree: Whan its branch is yet tender, an' pitteth furth leaves, ye ken that simmer is near.

33 Sae likewaise ye, whan ye sall see a' thae things, ken that it is near, e'en at the door.

34 Verily I say unto you, This generation sallna pass till a' thae things be fulfillet.

35 Heaven an' yirth sall pass awa, but my words sallna pass awa.

36 But o' that day an' hour kenneth nae man, na, no the angels o' heaven, but my Father alane.

37 But as the days o' Noe were, sae sall alsua the comin' o' the Son o' man be.

38 For as in the days that were afore the fluid, there were eatin' an' drinkin', marryin' an' giein' in marriage till the day that Noe gaed intil the airk,

39 An' didna ken till the fluid cam' an' teuk them a' awa; sae alsua sall the comin' o' the Son o' man be.

40 Syne sall twa be in the field; the ane sall be taen, an' the tither left.

41 Twa women sall be grindin' at the mill; the ane sall be taen, an' the tither left.

42 Watch therefore: for ye dinna ken what hour your Lord doth come.

43 But ken ye this, that gif the guidman o' the house had kent in what hour the riever wad come, he wad hae watchet, an' wadna hae let his house be broken intil.

44 Therefore be ye alsua ready: for in sic an hour as ye trowna the Son o' man cometh.

45 Wha than is a faithfu' an' wise servan', wham his lord hath made maister owre his houschauld, to gie them meat in due season?

46 Blesset is that servan' wham his lord whan he cometh sall fin' sae doin'.

47 Verily I say unto you, That he sall mak' him maister owre a' his haudins.

48 But gif that bad servan' sall say in his hairt, My lord pitteth aff his comin';

49 An' sall begin to toober his fallow-servan's, an' to eat an' drink wi' the drucken;

50 The lord o' that servan' sall come in a day whan he dothna leuk for him, an' in an hour that he dothna ken o'.

51 An' sall sned him asinder, an' appoint him his portion wi' the hypocrites; there sall be greetin' an' runchin' o' teeth.

Chap. XXV.

THAN sall the kingdom o' heaven be evenet until ten maidens, wha teuk their lamps, an' gaed furth to meet the bridegroom.

2 An' five o' them were wise, an' five were fulish.

3 They wha were fulish teuk their lamps, an' teuk nae oulie wi' them:

4 But the wise teuk oulie in their crusies wi' their lamps.

5 While the bridegroom taiglet, they a' dover't an' sleepet.

6 An' at midnicht there was a cry made, Behald, the bridegroom cometh; gae ye out to meet him!

7 Syne a' thae maidens rase up, an' trimmet their lamps.

8 An' the fulish said until the wise anes, Gie us o' your oulie, for our lamps are gane out.

9 But the wise maidens answer't, sayin', It maunna

be sae, lest there binna eneugh for us an' you, but gang ye rather til them wha sell, an' coff for yoursels.

10 An' while they gaed to coff, the bridegroom cam'; an' they wha were ready gaed in wi' him til the bridal, an' the door was steeket.

11 Afterward cam' alsua the tither maidens, sayin', Lord, Lord, open til us.

12 But he answer't an' said, Verily I say unto you, I dinna ken ye.

13 Watch, therefore; for ye ken neither the day nar the hour wharein the Son o' man cometh.

14 For the kingdom o' heaven is as a man gaein' intil a far kintra, wha ca'd his ain servan's, an' gied until them his guids.

15 An' until ane he gied five talents, til anither twa, an' til anither ane; til ilka man accordin' til his ability; an' straughtway teuk his journey.

16 Syne he wha had gotten the five talents gaed, an' coft an' trocked wi' that ilk, an' made ither five talents.

17 An' likewaise he wha had gotten the twa, he alsua gainet tither twa.

18 But he wha had gotten ane gaed an' howket in the yird, an' hidet his lord's money.

19 After a lang time the lord o' thae servants cometh an' counteth wi' them.

20 An', behald, he wha had gotten five talents cam' an' broucht ither five talents, sayin', Lord, thou giedst until me five talents: behald, I hae gainet forbye them five talents mair.

21 His lord said until him, Weel dune, thou guid an' faithfu' servan': thou hast been faithfu' owre a few things, I will mak' thee maister owre mony things; gang thou intil the joy o' thy lord.

22 He alsua wha had gotten twa talents cam' an' said, Lord, thou giedst until me twa talents: behald, I hae gainet twa ither talents forbye them.

23 His lord said until him, Weel dune, guid an' faithfu' servan': thou hast been faithfu' owre a few things, I will mak' thee maister owre mony things: gang thou intil the joy o' thy lord.

24 Syne he wha had gotten the ae talent cam' an' said, Lord, I kent that thou art a nippit man, shearin' whare thou hastna sawn, an' gatherin' whare thou hastna strinklet:

25 An' I was afear't, an' gaed an' hidet thy talent in the yird: behald, there thou hast that whilk is thine ain.

26 His lord answer't an' said until him, Thou wicket an' sleuthfu' servan', thou kennest that I shear whare I didna saw, an' gather whare I haena strinklet:

27 Thou sudst therefore hae putten my money to the ockerers, an' syne at my comin' I sud hae gotten mine ain wi' int'rest.

28 Tak' therefore the talent frae him, an' gie it until him wha hath ten talents.

29 For until ilka ane that hath sall be gien, an' he sall hae rowth; but frae him wha hathna sall be taen awa e'en that whilk he hath.

30 An' cast ye the unprofitable servan' intil outer mirkness: there sall be greetin' an' runchin' o' teeth.

31 Whan the Son o' man sall come in his glory, an' a' the haly angels wi' him, syne sall he sit upon the throne o' his glory,

32 An' afore him sall be gather't a' nations: an' he sall shed them ane frae anither, as a shepherd sheddeth his sheep frae the gaits:

33 An' he sall set the sheep on his richt han', but the gaits on the left.

34 Syne sall the king say until thae on his richt han', Come, ye blesset o' my Father, inherit the kingdom preparet for you frae the fundation o' the warld.

35 For I was hungry, an' ye gied me meat; I was drouthy, an' ye gied me drink; I was a stranger, an' ye teuk me in;

36 Naket, an' ye claithet me: I was ill, an' ye visitet me; I was in prison, an' ye cam' until me.

37 Syne sall the richteous answer him, sayin', Lord, whan saw we thee hungry, an' fed thee? or drouthy, an' gied thee drink?

38 Whan saw we thee a stranger, an' teuk thee in? or naket, an' claithet thee?

39 Or whan saw we thee ill, or in prison, an' cam' until thee?

40 An' the king sall answer an' say until them, Verily I say unto you, Inasmeikle as ye hae dune it until ane o' the laist o' thae my brithren, ye hae dune it until me.

41 Syne sall he say alsua until them on his left han', Gae awa frae me, ye curset, intil the everlastin' fire preparet for the deevil an' his angels:

42 For I was hungry, an' ye gied me nae meat; I was drouthy, an' ye gied me nae drink;

43 I was a stranger, an' ye didna tak' me in; naket, an' ye didna claithe me; ill, an' in prison, an' ye didna visit me.

44 Syne sall they alsua answer him, sayin', Lord, whan saw we thee hungry, or drouthy, or a stranger, or naket, or ill, or in prison, an' didna minister until thee?

45 Syne sall he answer them, sayin', Verily I say unto you, Inasmeikle as ye didna do it til ane o' the laist o' thae, ye didna do it til me.

46 An' thae sall gae awa intil everlastin' punishment; but the richteous intil life eternal.

Chap. XXVI.

AN' it cam' to pass, whan Jesus had endet a' thae sayin's, he said until his disciples,

2 Ye ken that after twa days is the feast o' the passover, an' the Son o' man will be betrayet to be crucifiet.

3 Than gather't thegither the chief priests, an' scribes, an' elders o' the people, in the palace o' the high-priest, wha was ca'd Caiaphas,

4 An' teuk rede how they micht tak' Jesus by cunnin', an' kill him.

5 But they said, No, on the feast-day, lest there be a racket amang the people.

6 Now whan Jesus was in Bethany, in the house o' Simon the leper,

7 There cam' until him a woman haein' an alabaster box o' unco precious eyntment, an' toomet it on his head, as he sat at meat.

8 But whan his disciples saw it, they were angry, sayin', Til what en' is this wastrie?

9 For the eyntment micht hae been sauld for muckle, an' gien to the puir.

10 Whan Jesus hear't it he said until them, Why fash ye the woman? for she hath wroucht a guid wark upon me?

11 For ye hae the puir aye wi' you; but me ye haena aye.

12 For in that she hath toomet this eyntment on my body, she did it for my burial.

13 Verily I say unto you, Wharesaever this gospel sall be preachet in the hale warld, there sall alsua this whilk this woman hath dune be tauld for a memorial o' her.

14 Syne ane o' the twal, ca'd Judas Iscariot, gaed until the chief priests,

15 An' said until them, What will ye gie me, an' I

will gie him up until you? An' they 'gree't wi' him for thretty pieces o' siller.

16 An' frae that time he soucht for a chance to betray him.

17 Now the first day o' the feast o' unleavenet bread, the disciples cam' til Jesus, sayin', Whare wilt thou that we mak' ready for thee to eat the passover?

18 An' he said, Gang intil the toun til sic a man, an' say until him, The Maister saith, My time is at han'; I will keep the passover at thy house wi' my disciples.

19 An' the disciples did as Jesus had direckit them; an' they made ready the passover.

20 Now whan the gloamin' was come he sat doun wi' the twal.

21 An' as they did eat he said, Verily I say unto you, that ane o' you sall betray me.

22 An' they were unco waefu', an' begoude ilka ane o' them to say until him, Lord, is it me?

23 An' he answer't an' said, He wha dippeth his han' wi' me in the aschet, the same sall betray me.

24 The Son o' man gaeth, as it is written o' him; but wae until that man by wham the Son o' man is

betrayet! it had been guid for that man gif he hadna been born.

25 Syne Judas, wha betrayet him, answer't an' said, Maister, is it me? He said until him, Thou hast said.

26 An' as they were eatin', Jesus teuk bread an' blesset it, an' brak' it, an' gied it til his disciples, an' said, Tak', eat; this is my body.

27 An' he teuk the cup, an' gied thanks, an' gied it til them, sayin', Drink ye a' o' it;

28 For this is my bluid o' the new testament, whilk is shed for mony for the forgieness o' sins.

29 But I say until you, I winna drink hancefurth o' the fruit o' the vine, till that day whan I drink it new wi' you in my Father's kingdom.

30 An' whan they had sung a hymn, they gaed out til the Mount o' Olives.

31 Syne saith Jesus until them, A' ye sall be offendet because o' me this nicht, for it is written, I sall smite the shepherd, an' the sheep o' the hirsel sall be scatter't abraid.

32 But after I am risen again, I will gae afore you intil Galilee.

33 Peter answer't an' said until him, Though a'

men sall be offendet, because o' thee, yet will I never be offendet.

34 Jesus saith til him, Verily I say unto thee, That this nicht, afore the cock craw, thou sallt disown me thrice.

35 Peter said until him, Though I sud dee wi' thee, yet winna I disown thee. Likewaise alsua said a' the disciples.

36 Syne cometh Jesus wi' them until a place ca'd Gethsemane, an' saith until the disciples, Sit ye here, while I gang an' pray yonner.

37 An' he teuk wi' him Peter an' the twa sons o' Zebedee, an' begoude to be waefu', an' unco heavy.

38 Syne saith he until them, My saul is unco waefu', e'en until death: bide ye here, an' watch wi' me.

39 An' he gaed a wee farrer, an' fa'd on his face, an' prayet, sayin', O my Father, gin it be possible, let this tass pass frae me; natheless, no as I will, but as thou wilt.

40 An' he cometh until the disciples an' fand them sleepin', an' saith until Peter, What! cudna ye watch wi' me ae hour?

41 Watch an' pray, that ye dinna gae intil temp-

tation; the spirit truly is willin', but the flesh is feckless.

42 He gaed awa the second time, an' prayet, sayin', O my Father, gif this tass maunna pass awa frae me, excep' I drink it, thy will be dune.

43 An' he cam' an' fand them sleepin' again (for their een were heavy):

44 An' he quat them, an' gaed awa again, an' prayet the third time, sayin' the same words.

45 Syne cometh he til his disciples, an' saith until them, Sleep on now, an' tak' your rest: behald, the hour is at han', an' the Son o' man is betrayet intil the han's o' sinners.

46 Rise up, let us be gaun: behald, he is at han' wha doth betray me.

47 An' while he yet spak', lo, Judas, ane o' the twal, cam', an' wi' him a meikle thrang wi' swerds an' rungs, frae the chief priests an' elders o' the people.

48 Now he wha betrayet him had gien them a sign, sayin', Whamsaever I sall kiss, that same is he: haud him fast.

49 An' furthwith he cam' til Jesus, an' said, Hail, Maister; an' kisset him.

50 An' Jesus said until him, Frien', wharefore art

thou come? Syne cam' they, an' laid han's on Jesus, an' teuk him.

51 An', behald, ane o' them wha were wi' Jesus raucht out his han', an' drew his swerd, an' strack a servan' o' the high-priest, an' sneddet aff his ear.

52 Syne said Jesus until him, Pit up again thy swerd intil its place; for a' they wha tak' the swerd sall perish by the swerd.

53 Trowest thou that I canna now pray til my Father, an' he sall at ance gie me mair nor twal legions o' angels?

54 But how than sall the Scriptures be fulfillet whilk say that sae it maun be?

55 In that same hour said Jesus til the folk, Are ye come out as agayne a riever wi' swerds an' rungs for to tak' me? I sat daily wi' you teachin' in the temple, an' ye laid nae haud on me.

56 But a' this was dune that the Scriptures o' the prophets micht be fulfillet. Syne a' the disciples forleet him, an' fled.

57 An' they wha had laid haud on Jesus led him awa til Caiaphas the high-priest, whare the scribes an' elders were gather't thegither.

58 An' Peter followet him afar aff until the palace

o' the high-priest, an' gaed in, an' sat wi' the servan's to see the en'.

59 Now the chief priests, an' elders, an' a' the cuncil, soucht fause witness agayne Jesus that they micht pit him til death.

60 But they fand nane; ay, e'en though mony fause witnesses cam', yet fand they nane. At last cam' twa fause witnesses,

61 An' said, This fallow said, I am able to destroy the temple o' God, an' to big it again in three days.

62 An' the high-priest rase up, an' said until him, Answerest thou naething? What is it whilk thae witness agayne thee?

63 But Jesus held his tongue. An' the high-priest answer't an' said until him, I adjure thee by the livin' God, that thou tell us gif thou be the Christ, the Son o' God.

64 Jesus saith until him, Thou hast said: mair-owre I say until you, Hereafter sall ye see the Son o' man sittin' on the richt han' o' power, an' comin' in the cluds o' heaven.

65 Syne the high-priest rived his claes, sayin', He hath spoken blasphemy. What mair need hae we o' witnesses? behald, now ye hae hear't his blasphemy.

66 What trow ye? They answer't an' said, He is wordy o' death.

67 Syne they spat in his face, an' nevellet him, an' ithers cuffet him wi' the looves o' their han's,

68 Sayin', Spae until us, thou Christ, Wha is he that cuffet thee?

69 Now Peter sat without in the ha': an' a maid-servan' cam' until him, sayin', Thou alsua wast wi' Jesus o' Galilee.

70 But he denied afore them a', sayin', I dinna ken what thou sayest.

71 An' whan he was gane out intil the porch, anither ane saw him, an' said until them wha were there, This fallow was alsua wi' Jesus o' Nazareth.

72 An' again he denied wi' an aith, I dinna ken the man.

73 An' after a while cam' until him they wha stood by, an' said til Peter, Surely thou alsua art ane o' them, for thy speech outeth thee.

74 Syne begoude he to ban an' to sweer, sayin', I dinna ken the man. An' straughtway the cock crawed.

75 An' Peter mindet the word o' Jesus, wha said until him, Afore the cock craw, thou sallt disown me thrice. An' he gaed out, an' grat sairly.

Chap. XXVII.

WHAN the mornin' was come, a' the chief priests an' elders o' the people teuk rede agayne Jesus to pit him til death.

2 An' whan they had bund him they led him awa, an' gied him up til Pontius Pilate the governor.

3 Syne Judas, wha had betrayet him, whan he saw that he was condemnet, rewet himsel, an' broucht again the thretty pieces o' siller til the chief priests an' elders,

4 Sayin', I hae sinnet in that I hae betrayet the innocent bluid. An' they said, What is that til us? See thou til that.

5 An' he coost doun the pieces o' siller in the temple, an' quat them, an' gaed an' hanget himsel.

6 An' the chief priests teuk the siller pieces, an' said, It isna lawfu' for to pit them intil the treasure-kist, because it is the price of bluid.

7 An' they teuk rede, an' coft wi' them the potter's field, to bury strangers in.

8 Wharefore that field was ca'd, The field o' bluid until this day.

9 Syne was fulfillet that whilk was spoken by Jeremy

the prophet, sayin', An' they teuk the thretty pieces o' siller, the price o' him wha was valuet, wham they o' the childer o' Israel did value;

10 An' gied them for the potter's field, as the Lord appointet me.

11 An' Jesus stood afore the governor; an' the governor spier't at him, sayin', Art thou the king o' the Jews? An' Jesus said until him, Thou sayest.

12 An' whan he was delatet o' the chief priests an' elders, he answer't naething.

13 Syne said Pilate until him, Hearestna thou how mony things they witness agayne thee?

14 An' he answer't him no a word; insaemeikle that the governor wonder't greatly.

15 Now at that feast the governor uset to lowse until the folk a prisoner, wham they wad.

16 An' they had than a notable prisoner ca'd Barabbas.

17 Therefore whan they were gather't thegither, Pilate said until them, Wham will ye that I lowse until you, Barabbas, or Jesus wha is ca'd Christ?

18 For he kent that for ill-will they had gien him up.

19 Whan he was set doun on the judgment-seat, his wife sendet until him, sayin', Hae thou naething to

CHAP. XXVII.

do wi' that just man: for I hae tholet mony things this day in a dream because o' him.

20 But the chief priests an' elders persuadet the folk that they sud ask Barabbas, an' destroy Jesus.

21 Syne the governor spak' an' said until them, Whilk o' the twa will ye that I lowse until you? They said, Barabbas.

22 Pilate saith until them, What sall I do than wi' Jesus wha is ca'd Christ? They a' say until him, Let him be crucifiet!

23 An' the governor said, Why? what ill hath he dune? But they screighet the mair, sayin', Let him be crucifiet!

24 Whan Pilate saw that he cud prevail naething, but that rather a racket was made, he teuk water an' washet his han's afore the folk, sayin', I am innocent o' the bluid o' this just person: see ye til it.

25 Syne answer't a' the folk, an' said, His bluid be on us, an' on our bairns!

26 Syne he lowset Barabbas until them; an' whan he had scourget Jesus, he gied him up to be crucifiet.

27 Syne the sodgers o' the governor teuk Jesus intil the common ha', an' gather't until them the hale band.

28 An' they strippet him, an' pat on him a scarlet robe.

29 An' whan they had plattet a croun o' thorns, they pat it upon his head, an' a reed in his richt han'; an' they bowet the knee afore him, an' mocket him, sayin', Hail, King o' the Jews!

30 An' they spat upon him, an' teuk the reed, an' strack him on the head.

31 An' after they had mocket him, they teuk the robe aff frae him, an' pat his ain claes on him, an' led him awa to crucify him.

32 An' as they cam' out, they fand a man o' Cyrene, Simon by name, him they gar't to bear his cross.

33 An' whan they we're come until a place ca'd Golgotha, (whilk is to say, a place o' a skull,)

34 They gied him vinegar to drink mynget wi' ga': an' whan he had pried thereo', he wadna drink.

35 An' they crucifiet him, an' pairtet his claes, drawin' cutts: that it micht be fulfillet whilk was spoken by the prophet, They pairtet my claes amang them, an' for my vesture did they draw cutts.

36 An' sitting doun, they watchet him there;

37 An' set up aboon his head his delation in writin', THIS IS JESUS THE KING O' THE JEWS.

CHAP. XXVII.

38 Syne were there twa rievers crucifiet wi' him, ane on the right han', an' anither on the left.

39 An' they that gaed by misca'd him, geckin' their heads,

40 An' sayin', Thou wha destroyest the temple, an' biggest it in three days, saufe thysel. Gif thou be the Son o' God, come doun frae the cross.

41 Likewaise alsua the chief priests mockin' him, wi' the scribes an' elders, said,

42 He saufet ithers; himsel he canna saufe. Gif he be the King o' Israel, let him now come doun frae the cross, an' we will believe him.

43 He lippenet in God: let him saufe him now, gif he will hae him: for he said, I am the Son o' God.

44 The rievers alsua wha were crucifiet wi' him, coost the same in his teeth.

45 Now frae the saxt' hour there was mirkness owre a' the lan' until the nint' hour.

46 An' about the nint' hour Jesus criet wi' a loud voice, sayin', Eli, Eli, lama sabachthani! whilk is to say, My God, my God, why hast thou forleet me?

47 Some o' them wha stood there, whan they hear't that, said, This man ca'eth for Elias.

48 An' straughtway ane o' them ran, an' teuk a

spunge, an' fillet it wi' vinegar, an' pat it on a reed, an' gied him to drink.

49 The lave said, Let him alane, let us see gin Elias will come to saufe him.

50 Jesus, whan he had criet again wi' a loud voice, gied up the ghaist.

51 An', behald, the veil o' the temple was riven in twa frae the tap til the boddum; an' the yirth did quake, an' the rocks were rendet.

52 An' the graves were openet: an' mony bodies o' the saunts wha sleepet rase up,

53 An' cam' out o' the graves after his resurrection, an' gaed intil the haly toun, an' kythet until mony.

54 Now whan the centurion, an' they wha were wi' him, watchin' Jesus, saw the yirthquake, an' thae things whilk were dune, they fear't greatly, sayin', Verament this was the Son o' God.

55 An' mony women were there leukin' on frae afar aff, wha followet Jesus frae Galilee, ministerin' until him;

56 Amang wham was Mary Magdalene, an' Mary the mither o' James an' Joses, an' the mither o' Zebedee's childer.

57 Whan the gloamin' was come, there cam' a bien

man o' Arimathea, ca'd Joseph, wha alsua himsel was a disciple o' Jesus:

58 He gaed til Pilate, an' begget the body o' Jesus. Syne Pilate commaundet the body to be gien til him.

59 An' whan Joseph had taen the body, he wand it in a clean linen claith,

60 An' laid it in his ain new tomb, whilk he had hewet out o' the rock, an' he rowet a muckle stane til the door o' the sepulchre, an' gaed his gate.

61 An' there was Mary Magdalene, an' the tither Mary, sittin' fornent the sepulchre.

62 Now the niest day (whilk followet the day o' the preparation), the chief priests an' Pharisees gaed thegither until Pilate,

63 Sayin', Sir, we mindet that that begowker said while he was yet livin', After three days I will rise again.

64 Commaun' therefore that the sepulchre be made sicker until the third day, lest his disciples come by nicht an' steal him awa, an' say until the folk, He is risen frae the dead: sae the last faut sall be waur nor the first.

65 Pilate said until them, Ye hae a watch, gae your gate, mak' it as sicker as ye can.

66 Sae they gaed, an' made the sepulchre sicker, pittin' a seal on the stane, an' settin' a watch.

Chap. XXVIII.

IN the en' o' the Sabbath, as it begoude to daw' toward the first day o' the week, cam' Mary Magdalene, an' the tither Mary, to see the sepulchre.

2 An', behald, there was an unco yirthquake: for the angel o' the Lord cam' doun frae heaven, an' rowet awa the stane frae the door, an' sat on't.

3 His countenance was like the levin, an' his claes white as snaw:

4 An' for fear o' him the guards did chitter, an' becam' as dead men.

5 An' the angel spak' an' said til the women, Binna fleyed; for I ken that ye seek Jesus wha was crucifiet.

6 He isna here; for he is risen, as he said, Come, see the place whare the Lord lay.

7 An' gang glegly, an' tell his disciples that he is risen frae the dead; an', behald, he gaeth afore you intil Galilee; there sall ye see him. Behald, I hae tauld you.

CHAP. XXVIII. 123

8 An' they gaed awa quickly frae the sepulchre wi' fear an' meikle joy: an' did rin to bring the disciples word.

9 An' as they gaed to tell the disciples, behald, Jesus met them, sayin', A' hail! An' they cam' an' held him by the feet, an' worshippet him.

10 Syne said Jesus until them, Binna fleyed: gae tell my brithren that they gang intil Galilee, an' there sall they see me.

11 Now whan they were gane, behald, some o' the watch cam' intil the toun, an' shawet until the chief priests a' the things that were dune.

12 An' whan they were gather't thegither wi' the elders, an' had taen rede, they gied meikle siller until the sodgers,

13 Sayin', Say ye, His disciples cam' by nicht, an' staw him awa while we sleepet.

14 An' gif this come to the governor's ear we will persuade him, an' mak' you sicker.

15 Sae they teuk the siller, an' did as they were bidden: an' this sayin' is commonly reefet amang the Jews until this day.

16 Syne the eleven disciples gaed awa intil Galilee, until the mountain whare Jesus had trysted them.

17 An' whan they saw him they worshippet him, but some doubtet.

18 An' Jesus cam' an' spak' until them, sayin', A power is gien until me in heaven an' in yirth.

19 Gae ye therefore, an' teach a' nations, baptizin them in the name o' the Father, an' o' the Son, an' o' the Haly Ghaist:

20 Teachin' them to tak' tent to an' do a' thing whatsaever I hae commaundet you: an', behald, I am wi' you alway, e'en until the en' o' the warld.   Amen.

www.ingramcontent.com/pod-product-compliance
Lightning Source LLC
Chambersburg PA
CBHW030901170426
43193CB00009BA/697